U0111579

內家拳幾何學

三維空間裡的勁與意

編輯者言

《潛確類書》卷六十載：

李白少讀書，未成，棄去。道逢老嫗磨杵，白問其故。曰：「欲作針。」白感其言，遂卒業。

李白聰穎，他能「感其意」，並付諸有效的行動。

學功夫，最難的，恐怕不是下不了苦功，而是不能「感其意」。

以前，武者多椎魯不文，常借用日常之物、勞作之事來表達其意，這倒不失為樸素的好辦法。世代同鄉同里，風俗早就滲進血脈裡，所見所感自然無須多費口舌。悟性好的，能「感其意」而化於自身，肯花工夫，功夫終究能上身。

但，離了此情此景，憑幾句口訣、幾篇拳譜，很難推斷出其具體練法。

到如今，科學昌明，武術傳承之法也不再局限於口傳、身授、心記，圖文、影片等都可作為記錄手段。書刊

之豐富，前所未有。可是，不論是手抄本，還是出版物，抑或是師徒之間的授受，隔山、隔紙、隔煙的困惑從未消失。

這其實是一個匪夷所思的現象。

即使受限於文言之於白話的難懂、方言之於普通話的障礙、授者與受者水準高低之不同，功夫，總歸是「人」這一個統統是軀幹加四肢的有形之體承載下來的，怎麼會變成一門難以自明的學問呢？

於是，不泥古、不厚今，剖開表象，覓求功夫的實質，找到具體而有效的訓練方法，讓更多人受益於其健養之效，進而對防衛有一定裨益，乃至獲得修養之資糧，就是這套叢書的緣起。所以，不限年代，不限國別，不論是藉助多學科的現代分析，還是側重明心見性的東方智慧，只要是對功夫這種探究人體運動的學問有精誠探索的讀物，都在本叢書所收之列。

當然，我們已知的科學不能窮盡功夫的原理，更不能窮盡人體的奧秘。正因為如此，我們不應排斥先賢的智慧，更不應止步於此。

共勉。

2019 年 9 月

前　言

　　武術是一門日漸沒落的學問。不僅僅是武術，戲曲等傳統文化也都面臨發展的困境。

　　中國的傳統文化有龐大、嚴密的理論體系，理應在新時代煥發生機！

　　隨著對內家拳研究的深入，我越發體會到中國武術的獨特魅力。就技術而言，內家拳與西方競技、現代搏擊不同。西方競技和現代搏擊是「做加法」，追求更高、更快、更強，透過練力量、提高速度和強度，讓人變得更強；而內家拳追求「為學日益，為道日損」，立足於人體先天的體能，透過站樁、行拳建立整體結構，減少力量消耗，由「做減法」提高人的運動能力。

　　中西方的思維完全不同。如果將中西方一減一加的思維進行銜接，中西共用，就會產生獨特的優勢，就能有效提高國人的運動成績。

　　筆者將自己練習內家拳的體悟、多年的教學摸索進行整合，寫成了本書，力圖透過幾何結構、力學原理，把自己理解的內家拳的原理、技術方向、訓練流程展示出

來，並配合書中的內容拍攝了近 100 分鐘的解釋影片，希望拋磚引玉，與武術愛好者們相互交流，共同提高。

如果大家都不把自己的研究成果展示出來，按照目前的趨勢，武術可能會持續地沒落下去。筆者不才，將自己對武術的淺薄認知分享給讀者，班門弄斧，萬望眾位方家海涵，多提寶貴意見。

希望大家一起為武術的發展盡一份力。

目　錄

1 站在歷史的角度，科學研究武術…………011

2 內家拳練習中的基礎幾何原理…………071

3 內家拳拳理與幾何學概念
.... 143

4 形意拳部分原理及解析
.... 217

5 五行拳粗講

6 太極拳的訓練流程及原理

站在歷史的角度，科學研究武術

　　武術是中華民族的瑰寶、人民智慧的結晶，已經流傳了千年之久。它不僅僅是對抗的藝術，還是前輩們對人體結構、運動原理、心理學、經絡學說等的高度總結，對提高身體素質有巨大幫助。

　　內家拳本是很科學的拳種，然而因為古人的語言與現代人的語言不同，現代練拳者難以理解古代拳譜，加上缺少科學的理論指導，導致很多人耗費時間卻練不出功夫。

　　在現代，因為大部分練習者是業餘時間訓練，所以武技達不到前輩們的高度，自然也難以理解拳法中的技術要點。

　　內家拳本身有良好的健身、實戰功效，但是因為技術體系的缺失，很多人對古代拳譜中的要求的理解是錯誤的。很多練功要點在不嚴謹的教學過程中以訛傳訛，導致

大多學武者的姿勢錯誤，不僅沒起到健身效果，反而傷膝蓋、傷腰、傷頸椎，練壞了身體。再這樣持續傳播下去，會導致傳統武術的技術逐步消失，甚至優秀的核心內容被曲解。為了更多朋友練功不出偏，更好地繼承內家拳法，結合生理、心理、幾何、力學知識，科學研究內家拳勢在必行。

在本書中，我想透過以下兩種途徑為改變內家拳的傳承現狀貢獻一點綿薄之力。

（1）從基礎的拳理、拳諺入手，為大家解釋清楚內家拳中的科學原理；

（2）總結古人拳法中的優秀技術，提出訓練教案，避免傳授過程中技術要點流失。

1.1
武術的對與錯，您知道嗎？

現代武術練習者普遍練不出功夫，
不是因為老師教得不好或者自己下的工夫不夠，
是因為他們對於武術的對錯沒有判斷標準，
導致即使學著錯誤的東西也不自知。
知道對錯、打開枷鎖是前進的第一步。

　　現今社會訊息爆炸，武術習練者弄不懂的東西，自然而然地會求助於影片、書籍，以便更好地提高水準。有的書籍言之有物，令人茅塞頓開；有的書籍卻泛泛而談，不具備可操作性。真假難辨的訊息讓武術習練者無所適從。

　　我從事武術教學工作多年，經常遇到一些朋友拿著從別處看來的觀點向我咨詢。此時，我通常都會反問他一句：您知道什麼是對的，什麼是錯的嗎？很多朋友都會被這個問題問住。

　　之所以這樣問，是因為我學了這麼多年拳，也教了很多朋友，發現很多人都存在以下問題。

　　盲目自大：認為自己的東西是對的，即使別人贏了他，也不謙虛地學習。

固執己見：告訴他真東西，他弄不懂，就以為是錯的，而不去反思一下是不是自己聽不懂。

沉浸於自己的舒適圈：練了多年，功夫沒進步，依然以為是自己的努力程度不夠，而不去反思是不是以前的技術體系或者訓練方法壓根兒就是低效或者錯誤的。以為勤能補拙，結果卻是沿著錯誤的道路越走越遠。

俗話說，一層功夫一層道理。你認為的「對」，不一定是真對。你看懂的文章，也不一定是至理。練武術，進步的核心，從本質上講，就是克服「我認為我懂了」的心理，老師教給你的你目前難以理解、甚至跟以前所學相左的東西也要盡量學習。千萬不要輕信那些一看就懂的「爽文」。

很多朋友都知道空杯心態，但是我所接觸的人當中，能做到的，真是少之又少。

舉個例子。

很多上了年紀的朋友，喜歡研究大小周天，認為這種類似氣功的導引，對身體會有意想不到的保健作用。他們也經常問我一些這方面的問題，一度令我很頭疼。

小周天的路線比較簡單，公開的資料上都有，很多朋友想要依靠意念導引練出小周天。其中最大的問題是，您知道小周天運行一圈的速度有多快嗎？透過緩慢意念去導引，是否會對其運行造成反效果？

我經由渾圓樁的練習通了小周天，所以知道小周天運行一圈的速度非常快。大家想像中的意念及導引的速度，壓根兒跟不上小周天的運行速度。雖然路線大概不

差，但若沒有優秀的老師給學生點明小周天的運行速度，這種方法對於修煉小周天沒有好處。

網上能搜索到的所謂的通小周天的方法，通常都不是門派內部真正的訓練方法。在有傳承的門派裡，有氣通周天、意通周天、神通周天等方法，一般人是學不到的。

再說大周天，大周天本身就存在不同的定義、訓練方法。如果連大周天是什麼，某種方式是對是錯都不知道，又怎麼會有通大周天的可能呢？更有甚者說要「練出大小周天」，大小周天是練才能產生的嗎？！對於大周天，有的門派用六字發聲法訓練，有的用守竅進行訓練，有的以任督脈訓練，有的以十二經絡訓練。

就算意識不到周天，周天也是自發按照氣脈運行的。按照中醫的說法，如果氣脈阻塞了，這個人一定生病了。大小周天是自然存在並運行的，你不過是透過訓練發現它而已。發現後有意識地引導它，就可以讓它更好地服務於身體的健康。所以，根本不存在「練出大小周天」的概念。說「打通大小周天」算是正確的，「打通」的意義大概等於「發現」。

其實古代內家拳，特別是形意拳中大小周天的訓練方法，明文記錄於孫祿堂（**小周天**）、薛顛（**大周天**）兩位前輩的著作中，大家可以自行去翻閱。但是即使明明白白告訴大家，也會有很多人無法打通大小周天。這是為什麼呢？原因如下。

（1）這些方法不符合大眾對於大小周天修煉的想像，哪怕前輩是對的，方法也特別簡單，好多人依然不認

為它是正確的。練不出來時依然會去找網路上公開的文章、影片，以期獲得答案。卻不深入想想，孫祿堂、薛顛兩位前輩的水準難道還不夠高嗎？

（2）大部分形意拳、太極拳、八卦掌的練習者是葉公好龍，沒有花時間、精力去研究古拳譜，所以壓根兒沒有看到過這些記載。有多少練陳式太極拳的人看過《陳鑫陳氏太極拳圖說》？有多少練形意拳的人，看過孫祿堂、薛顛等先生的著作？武術也是一門學問，不努力鑽研，就很難練出功夫。世間所有的偶然都有其必然性，不努力鑽研而輕信網路上虛假的功法宣傳，越走越偏也是必然的。

（3）即使看到這些好東西，也有些人會由於功力水準有限，錯誤地理解前輩的意思而修煉不出來。也就是古人所說的「道不遠人，人自遠道」。

大部分人喜歡的武術，是自己想像中的武術，而不是真正的武術。其結果就是，不去研究前輩們五六十年苦修寫下的精華，而憑藉自己淺薄的理解對武術妄加判斷，輕信一些不靠譜的理論，最終誤入歧途。

很多人希望能夠「以武入道」，卻不知沒有武術功力就想「以武入道」如同想渡河卻沒有船一樣可笑。

不要小看武術的修煉，想練出功夫，就需要自知、自覺、自律、自我突破。上面說的那些誤入歧途的朋友，思維邏輯混亂，功夫都練不出來，又怎麼可能由練武啟迪智慧，達到「以武入道」的效果呢？

有些人想研究氣及大小周天，卻又不知道氣是什麼、大小周天是什麼。以周天為例，很多人沒有背過子午

流注，根本不知道血氣哪個時辰走哪個經脈，經過哪些穴位，又拿什麼來修煉周天呢？

如果看過陳鑫前輩的太極拳著作——《陳鑫陳氏太極拳圖說》，就能發現，該書的第 1 頁到第 89 頁寫的全是經絡穴位。也就是說，想要練太極拳、研究氣脈，首先必須具備這 89 頁的理論基礎。

研究形意拳的朋友們也是，形意拳自古到今以實戰著稱。若沒有與搏擊高手對戰的經歷，實戰的水準不行，拿什麼去理解形意拳中實戰的部分呢？就如同想研究古代漢語，卻不懂語法知識一樣可笑。

很多習拳者認為對的東西，往往經不起推敲。對大部分人來說，談氣、談周天，開口就是錯，因為他們壓根兒不知道正確的東西是什麼。因為不知道判斷標準，所以很容易被誤導。

我的學員經常問我：龐老師，您告訴我的這個概念，我想了一週才明白，是不是我太笨了？

當然不是！學到不會的東西，學到不懂的東西，才是真正進步的開始！例如，我們雖然在 1 層樓，憑藉想像大概也能知道在 2 層、3 層樓看到的景色怎麼樣，但是無法想像在 15 層樓看到的景色。即使從 15 層樓下來的朋友給我們描述了那裡的景色，可能我們也不會相信，因為境界差太多。

我本人從沒有功夫，到跟隨多位老師學習也依然沒有出功夫，再到經由一個偶然的機會想明白功夫的原理而練出功夫，走了很多彎路。

也正因為我自己有過這樣的經歷，在成為武術老師以後，很容易就能找到學員的問題所在——很多人只相信自己相信的，而不是相信真理。這可能就是佛法中所說的「知見障」，破不了這個關隘，就很難進步。

本書會盡量用簡潔的語言為大家解析我所理解的內家拳的理論系統，按照以下結構進行闡述。

第一步：

解釋內家拳中一些名詞的概念，例如掤勁、支撐八面、持環得中、肘與膝合、肩與胯合、手與足合。用通俗的語言、經得住推敲的邏輯，讓大家明白內家拳名詞的真正含義。

第二步：

用兩根手指做實驗，指出武術練習過程中常見的錯誤。透過力學實驗幫大家辨別對錯。

第三步：

透過幾何學、力學原理，為大家解析正確的技擊原理。雖然這個概念可能與大家的理解相差很遠。

閱讀過程中，無論大家能否理解其中的內容，都歡迎按照下面這個邏輯去思考、去反問自己：

如果我們之前認為很對的東西，經過這些年，在我們努力練習的情況下，並沒有幫助我們增長功力，是不是意味著，那些東西可能是不對的？而現在這個看不懂的東西，可能才是對的？

💠 1.2
影響武術成才率的變量

聖人不積，

既以為人，己愈有，

既以與人，己愈多。

洪均生說得特別好：

我就是全告訴你，

你還有可能練不出來呢，

何必保留？

　　武術的成才率很低，因為變量太多。僅老師、學生、教學態度這 3 個變量，就會形成以下排列組合。

老師水準	高	高	高	低	低	低
教學態度	真教學	假教學	真教學	真教學	假教學	真教學
學生狀況	認真	認真	不認真	認真	認真	不認真
教學結果	出功夫	不出功夫	不出功夫	不出功夫	不出功夫	不出功夫

　　透過這個表格，大家可以看到，僅僅納入這3個變量，能夠練出功夫的就只有 1/6，概率很低（16.7%）。更何況在現實生活中，水準高又肯真心教你的老師，幾乎是

鳳毛麟角。

　　哪怕你的運氣像我這麼好，武林高手就是你的親戚，也有不出功夫的可能。我的親叔叔龐恆國先生，八卦掌、太極拳、形意拳水準都非常高，我自小就跟他學習內家拳。但是由於當時年齡太小，理解力有限，練了很久都沒有出功夫。讀大學時，我被練太極拳的同學推得東倒西歪；因為功夫不好，還被當時同樣練形意拳的學長笑話。

　　這是我的親身經歷。親叔叔不會對我保守，屬於真教，為什麼我還是練不出來呢？

　　武林高手不等於好老師，這兩者之間有一個角色區別。老師需要有循序漸進的教學計劃及邏輯思維能力，能將自己的理解與心得教給學生；並且能夠在學生出現偏差時及時對之進行糾正，以確保學生能沿正確的方向行進。

　　很多習拳者的老師功夫都很好，但是從武者過渡到老師時，角色轉換失敗，導致學員眾多，但出功夫的卻很少。

　　前文中談到的教學態度這個變量，「是否真心教學」還得細化。有的老師是真教你，但是他真的說不明白。學生認真與否，也要細分。學生可能認真練了，但是理解能力不同，就算老師告訴他真東西，他也可能理解不了，於是成才的概率就更低了。

　　但是，若老師不真教呢？

　　學習武術實現自我價值，自古至今都不是一件容易的事情。我們想學的東西，人家也是耗費了很多時間、精力、金錢學來的，憑什麼告訴我們？大部分習拳者跟過很

多老師，瞭解其中的艱辛。

武林中存在明師、庸師、刁師的說法。

明師：老師技術、教學好。但是這樣的老師一般比較低調，收費也不低，很少能被大家接觸到。

庸師：老師自己水準不夠，雖然盡心盡力把會的東西教給學生，卻很難幫助學生提高。庸是平庸的意思，並非貶義。

刁師：吃、拿、卡、要的老師。對有錢的學生高看一眼，教真東西，卻也費盡心機拖延教學進度，以獲得更多金錢回報；有時候學生練對了，老師也往錯誤方向引導，害怕學生練出來就不跟他學了。對於窮學生則貌似關懷，卻不教真東西，學生練習多年，進步緩慢。

因此，大家選擇老師的時候，要重點看老師教出來了多少優秀的學生。如果門內學生只有一兩個大放光芒，其他的都庸庸碌碌，這樣的老師盡量別跟；而一個老師哪怕自己功夫一般，學生卻均水準中上，那找他學習準沒錯。

我曾跟很多老師學習，有的老師很好，教真東西，有的不教真東西，有的往錯誤的方向引導。我也曾經一度為老師與學生之間的關係傷心難過，然而年齡漸長，感悟也越來越深：理解萬歲，存在就有其合理性。

我們不去探討人品與感情的問題，但可以理解一下老師的擔憂。

（1）你練出來了，都跟你學，我吃什麼？

（2）教出你來了，以後你還孝敬我嗎？我只有留著

東西不教，才能保證我的生存空間。

（3）我確實學來不易，要自珍其技。

關於第三種情況，我稍微腹誹一下：這種自珍其技的老師，你至少也要教一半，哪怕教 1/4 出來呀，所有的學生都學不出來，將來誰還會跟你學呢？

從學生的角度來說，他可以磕頭拜師，為了學拳而交學費。然而花了很多錢、很多時間，付出了很多感情，卻沒有得到想要的結果，他以後會怎麼看老師？

就是因為老師思想保守，在武術傳播過程中，留一部分知識點不教，以保證自己的生存空間，直接導致了現在內家拳的核心技術越傳越少！

學生與老師之間，有必然的衝突嗎？為了武術的長遠發展，學生與老師的關係需要認真地梳理一下。

假設老師跟學生從事同一個行業，老師的教學態度對老師、學生的影響如下。無論傳統武術還是現代格鬥，超越自己這個主題永遠不會變，而超越先天弱勢來自正確科學的訓練體系。

老師的教學態度（真假）	真	真	假	假
學生水準	高	低	高	低
老師生存概率	高	高	高	低
學生生存水準	高	低	高	低

如上表，學生水準高的話，老師的藏私並不直接決定學生的生存水準。

　　因為學生不是僅有一個老師，從某個老師身上學不到的東西，可以從其他老師那裡獲得，所以，因為擔心學生影響自己的生存空間而不教東西是大可不必的。市場是開放的，您不提供的內容總有別的地方能獲得。

　　而學生水準高，也不影響老師的生存概率。如上表，只有在老師的教學態度（假）、學生水準低的情況下，老師才沒有生存機會；哪怕老師水準低，只要學生水準高，很多人也會以為，這個老師的水準不錯，即這個老師教出了高水準的學生反而保證了自己的生存概率。

　　因此，從上表來看，老師與學生之間，並沒有本質上的衝突。並且由於教學水準、收費標準、知名度等諸多變量，導致師生之間出現競爭的概率其實很低。況且，現代社會，技術與生存的衝突早已經被解決。以現代醫學為例，其情況如下。

　　（1）從大學一年級到四年級，學生跟隨老師學習，老師以教學為生。

　　（2）學生從業後，其專業技術水準等級分為：初級職稱（醫士、醫師／住院醫師）、中級職稱（主治醫師）、副高級職稱（副主任醫師）、正高級職稱（主任醫師），不同的能力水準自然有不同的工作機會，老師和學生之間並無太大衝突。

　　（3）學生趕上老師的職稱，至少需要 5~20 年，其間很難有客戶的衝突。

　　（4）學生與老師是相互依存的，沒有老師自然沒有學生；師生之間的良性競爭，可以保證醫學技術的進步。

　　而武術中的跆拳道、空手道、泰拳、柔道、劍道等，均解決了老師與學生之間的衝突，為何傳統武術的老師就有那麼多擔心呢？

　　傳統武術與跆拳道等競技項目的唯一區別是，自從鏢師這個職業消失後，武術就沒有了經濟體系，練武變得不賺錢了。偶爾有幾個老師能夠以教武術來實現財務自由，就特別擔心失去這麼好的工作，也擔心客戶流失導致自己的收入減少。

　　這種擔心恰恰應該成為開拓武術人的就業或者盈利方向的動力，而不是阻礙學生成長的藉口。

　　假如武術運動員畢業後可以開武館、搞健身、做武打演員替身、做網紅……有很多就業機會，可以賺錢養家，那麼家長就會樂於送孩子去體院學習武術。

　　所以武術瀕臨失傳的原因，不僅有技術的缺失、教學計劃的缺失，還有就業機會的缺失。練武術不賺錢，自然不會有大批的年輕人願意學習，武術自然就會慢慢消亡。

　　老師不教真東西，也是老師在武術經濟體系缺失的情況下的一種自我保護。近些年我個人的思維較以前開闊，逐漸理解了這種行為，但是理解歸理解，我仍然認為這種行為對於武術的發展是不利的！

　　拳擊、泰拳在民國時期有影像留存，當時它們的水準還不如中國傳統武術。然而隨著研究的深入、競賽的出現、技術的分享，它們的發展已經遠遠超過中國傳統武術。

　　我曾經去香港見過一位詠春拳大師，他教學的學費不菲，小念頭、尋橋、標指……每個套路 10 萬元。但是人家教授真東西，學生水準都很高，所以他的社會地位也很高，備受尊敬。

　　他的學生中以教拳為生的有很多，師生之間的關係非常融洽。由於功夫水準高，他們的教學體系備受追捧，學生和老師都可以很好地生存下去。

　　太極拳大師洪均生前輩說得特別好：我就是全告訴你，你還有可能練不出來呢，何必保留？

　　形意拳自李洛能初創就人才輩出，李洛能的八大弟子名揚武林，之後更是出了李存義這個大人物。李存義又教出了薛顛、尚雲祥等知名高手。八卦掌、太極拳高手亦眾多，說明師徒的衝突是可以得到很好的規避的，老師不應以保守作為自保的手段。

　　《道德經》上說「聖人不積，既以為人，己愈有，既以與人，己愈多」，說的是給予別人的越多，別人越感激你，回饋你的也就越多。

　　師者，傳道受業解惑也。我作為一名武術老師，如果不能幫助學生提高技術，就會感到非常慚愧。等流傳至今，為後人的內家拳學習提供了原傳教材，並且培養了眾多優秀武術家。

1.3
我出功夫的契機與幾何的關係

功夫不能傻練，方向對了才能出成果。
方向對才更容易弄明白拳理。
如果你自己都弄不明白自己練的是什麼，
就很難有進步的可能。

跟隨叔叔練拳期間，我一直沒弄明白功夫的原理，所以後來又跟很多老師學習過。如中國式摔跤的名將尚延慶老師、沙國政一脈的張尚民老師、太極梅花螳螂拳的趙東平老師、北京摔跤的王同慶老師、尚派形意拳的韓瑜老師等（**按照老師們的年齡大小排序**）。

眾多流派的功夫，對我出功夫有很大的幫助。

想要出功夫，先要弄明白什麼是功夫。功夫指的是武者的對抗能力。很多朋友選擇性地忽略了這一點，默認功夫是自己一個人就能練出來的，不需要與人對抗、推手、摔跤。沒有對抗訓練，怎麼可能理解功夫中對抗的那部分的原理呢？

如同下象棋，下象棋是兩個人的事情，一個人靠自己打棋譜就能成為高手是很難的，想出來的見識與實戰出來的見識肯定是不能比的。

很多人喜歡強調傳統武術的純潔性，認為只練一個

門派的功夫就能出功夫，而且功夫更純；還認為練傳統武術就能實戰，不需要參考現代搏擊。這有一定道理，因為傳統武術本身也是一種技擊手段，如同跆拳道、柔道，只學一門，肯定是能具備一定的技擊能力的。但只練傳統武術就能實戰的前提是：

第一，有會傳統武術實戰的人教你；

第二，他教你的是正確的東西；

第三，你認真練並且練出功夫；

第四，你用練出來的功夫與其他人搏鬥以提高實戰能力；

第五，經由積累你的功夫達到了得心應手的程度。

而目前大部分人前三點都沒有做到。也就是說，他們自己都沒有功夫，卻妄談練傳統武術不需要學現代搏擊。實際上，他們的觀點不具備任何參考性。

而站在第四點的角度考慮，現代人已經沒有了合法搏鬥的客觀環境，唯一能進行搏鬥訓練的地方可能就是拳館。拳館也分現代拳館、傳統拳館，而傳統拳館大部分在研究怎麼達到第三點，即怎麼練出功夫來，打實戰的人少之又少。在這種情況下，想要學習、練習搏擊的技術，不去現代拳館還能去哪裡呢？

我常說的一句話是：沒有現代搏擊、摔跤的經歷，就想研究傳統武術，就如同不懂基本的語法知識就想研究古代漢語一樣可笑。

沒有搏鬥經歷的人，會以為傳統武術是按照某種方式實戰；有搏鬥經歷的人，則會明白以下東西。

（1）會知道某些實戰方式不合理，可能是老師水準不足，或者是老師教得不對，會對之加以改良，使之變得合理；

（2）會用合理的格鬥方式練習傳統武術，使自己技術進步，並用這種方式去格鬥，檢驗其可行性；

（3）如果這種格鬥方式能應用到實戰中，會採納吸收並作為自己的心得體會教給學生，促進技術進步。

大部分強調練習傳統武術不需要學習現代搏擊的朋友，大概率上沒有跟高水準運動員搏鬥過，他們腦中傳統武術的打法，不過是紙上談兵。

有些武術老師明顯沒有格鬥經驗，沒有格鬥經驗，又怎麼可能教出來真正的內家拳核心呢？傳承的東西再好，自己沒有格鬥經歷，也無法理解傳承中優秀的部分，可能學到的不過是核心中的 20%~30%。這樣的老師教出來的東西，學生能懂的又是 20%~30%，於是一代不如一代。

這還僅僅是搏鬥方面，想研究內家拳的推手，卻沒有跟摔跤手對抗過，不懂重心控制，也是紙上談兵。

現代社會最容易學到重心控制的方法，就是學習摔跤類的武術。假如遇到摔跤手就手忙腳亂，那你練的還是真正的傳統武術嗎？

知恥而後勇，經歷過與現代搏擊的對抗訓練，才會對自己有清晰的判斷，才會知道自己哪裡不足，哪裡優秀，需要找尋哪方面的老師去提高自己，這才是技術進步

的根本。

看這本書的朋友大部分是武術愛好者，沒有那麼多時間、精力學習現代搏擊。最好的解決辦法，就是跟一個真正經歷了這些過程的老師學習。

練拳一定要找優秀的老師，優秀的老師除了能教給你實戰功夫，還能讓你避免很多運動傷害。為什麼優秀的老師能做到這些呢？

（1）老師投入大量時間練拳，淘汰了很多不對的東西；

（2）老師運動量大，見識過大量錯誤動作，知道如姿勢不對會導致膝蓋疼痛、腳腕疼痛、肩部拉傷等，他們能成功一定是經過自己的努力，修正了錯誤動作，並練出了功夫；

（3）學員出現類似問題時，老師有豐富的解決問題的經驗。

很難想像大家會隨便找個沒有任何實戰經驗的素人當老師。跟這樣的老師學習，不傷身體就算很好的了。

很多時候，選擇的重要性優先於努力。

我練傳統拳出功夫的契機，就是在大量學習拳擊、搏擊、摔跤、形意拳、太極拳、八卦掌、螳螂拳的前提下出現的。

某一天，我研究日本的柔道教學時，發現日本人用幾何學上的三角形、圓形結構來詮釋人體，利用重心的高低變化撬動對手從頭到兩腳的三角形，破壞對手的重心從

而將其摔倒。這讓我頓悟了功夫的邏輯，這種思維方式如同過電一樣，把所有之前我無法理解的拳理一下子串聯了起來。

用幾何構造與力學原理研究武術，奠定了我研究武術的基調。我不僅由這種研究練出了功夫，還用這種方式去教授別人。

現今社會，新的練法、新的流派層出不窮，如何判斷一個方法是否科學有效呢？

（1）老師自己是否可以透過這種方法練出功夫來；

（2）老師向學生教授這種方法，學生是否也可以透過這種方法練出功夫來。如果老師和學生都可以透過這種方法練出功夫來，就可以說這種訓練方法是有效的。

而現在最常見的現象是：

（1）老師透過某種方法練出功夫來；

（2）老師教授給學生另一種方法，即掛羊頭賣狗肉；

（3）學生淪為試驗品，功力進步緩慢。

就形意拳而言，如果一個老師是刻苦站樁、抻筋拔骨練出的功夫，卻教你隨便站樁，或者開發一些不疼不癢的功夫，是不是就不對了？

就太極拳而言，如果一個老師是經由刻苦修煉基本功、大量對抗出來的功夫，卻教你練習套路，不教基本功，是不是就不對了？

　　就八卦掌而言，如果一個老師是經由老八掌、定式八掌練出的功夫，卻簡單教你幾個招數，然後教你怎麼甩甩手求放鬆，是不是就不對了？

練拳記錄

　　我很早就有記錄自己練功情況的習慣。最早我將記錄影片上傳優酷（YOUKU），那裡保存了1500多個我訓練及宣傳的影片。大家可以掃描上面的QR Code，按照時間順序，看看我的拳法是如何一步步變化的。

　　我從 2010 年大二的時候就開始上傳自己練功的影片，至今已經 10 餘年了。這期間，我經歷了上學、畢業、工作、結婚、辭職、創業，從業餘傳播武術發展到專職從事武術教學工作。雖不敢說這是一個勵志的過程，但我個人深知其中的不易。

　　我深信自己如果沒有看到那個柔道的教學影片，應該至今都想不通內家拳的基礎理論。內家拳很優秀但練出功夫來非常困難，僅僅靠一個人的悟性練出功夫的概率太低了，會浪費很多可造之才。只有把內家拳原理、練拳經驗分享給更多的朋友，讓大家都能夠練出來功夫，才是真正的為發揚傳統文化做一點事。

　　投入時間進行武術練習，實際是非常划算的。很多朋友一過中年，身體就出現各種問題。就我身邊的人而言，有同事很年輕就有頸椎問題、腰椎問題，甚至一位同事還患有腦部腫瘤。年輕時就將時間投資在健康上，絕對是明智的選擇。

現代人需要工作、生活、奮鬥，能分配給武術的時間少之又少，大部分朋友練拳的過程，就是跟時間做賽跑的過程。

王薌齋前輩說得特別好：「學術理應一代高於一代。」因此，如何在盡量短的時間內練出功夫，就是我們共同的研究課題。

另外，學習武術的過程必然是體系化的、循序漸進的。體系化的意義是什麼？是哪怕是一個零基礎的「小白」，都可以經由成熟的訓練方式逐層進階，直到變成高手。

我們能看到的所有學科都是體系化的！

例如：文化知識的學習，一個人從幼兒園、國小、國中、高中到大學、研究生，教案、課時、考核標準，都安排得明明白白。只存在自己不入學，不存在進入了這個體系後無法進步的可能。

例如醫學，根據學科區別大概分為：基礎醫學類、臨床醫學類、口腔醫學類、預防醫學類、中醫學類、中西醫結合類、藥學類、中藥學類、法醫學類、醫學技術類、護理學類。按照不同學科要點學習並透過考核，自然就具備了相應的能力。如果成為了行業翹楚，再投入時間、精力深入研究，甚至可能發現前人沒有發現的東西，提高整體學術水準。

但這一切都是建立在細分知識點，建立體系化教程，能讓人成為高手的基礎上。

現在的傳統武術則不然，它現狀堪憂，很多練習者

花費了大量的時間、金錢，卻練不出功夫來。傳統武術不僅是難以發揚，甚至已經到了連繼承都困難的程度。

我透過網課、實地教學，教授了眾多的學員。很多有師承、學過其他門派拳法的朋友，也透過各種方式接觸到了我的教學。

他們普遍反映，我們的教學體系，不僅能講明白拳理，而且很容易提高他們的功夫。因此，對於本書中所說的部分理論，我還是很有信心的，也希望大家多思考本書中的技術細節，作為練拳的參考。

老師也有國小老師、國中老師、高中老師之分。武學大道名家輩出，本人水準不高，如果本書的內容對武術練習者能有一點點的幫助，讓我能以一個國小甚至幼兒園老師的身份幫到大家，那我便覺榮幸至極了。

田 1.4
古代授藝的科學：直線、三角的幾何概念

形意拳大師李存義，用三角形概念教授形意拳；
太極拳大師楊澄甫，用直線的概念教授學徒；
大成拳大師王薌齋，用斜面、犄角等概念形容勁力；
太極拳大師洪均生，用力學三角槓桿解釋拳理……
武術本應該是科學的，
現代人的模糊教學，偏離了古人練功的初衷。

內家拳是在近 300 年形成的拳法，在清末、民國初年影響力達到頂峰。整個民國武林，內家三拳大放異彩，湧現出眾多優秀人才，如太極拳楊露禪、八卦掌董海川、形意拳郭雲深等宗師。尤其是形意拳，李存義、尚雲祥、孫祿堂等前輩皆為佼佼者，他們為強國強種的民族大義做出了諸多貢獻。

萬物都在進化，按照一般邏輯，越晚成拳的流派，訓練效率應該越高。

三大內家拳——形意拳、太極拳、八卦掌，都以能批量造就人才而著稱。我認為它們成功憑藉的是正確的技術方向（起因）、合理的訓練過程（經過），自然而然造就了人才（結果）。

為什麼這麼好的東西，到了現代，出功夫的人就少

了呢？我認為有如下原因。

（一）理論體系模糊不清

我們現在教拳的方法，模糊概念居多，具體角度較少。從根本上就沒有說清楚內家拳的技術原理是什麼。例如，現在看書的諸位朋友，能不能回答下列問題以表述一下自己習練的拳法？

（1）如何從零基礎到達非常高深的境界？

（2）功夫由淺入深，具體需要哪幾個步驟？

（3）在不同的階段會遇到哪些挫折？

（4）什麼樣的輔助手段能幫助習練者渡過這些困境？

（5）練習的這些東西與實際應用有什麼關係？

如果其中有一個問題無法清晰地回答出來，遇到突發情況就可能沒有辦法處理，這個坎兒可能就過不去，沒法兒持續練下去。

古代的教拳方式其實非常具體、科學，並不故弄玄虛。很多人眼中不易理解的氣、丹田、反弓、垂肘等概念，在古代教學體系中是非常淺顯易懂的。為什麼我們現代人不懂？

一是因為脫離了古代的語境，導致我們難以理解前輩的意思；

二是有些老師雖然自己明白，但藏私，不願告訴大家，導致真傳只在少部分人中私密相授。

圖1

以形意拳為例。李存義傳給尚雲祥的拳譜，這樣形容橫拳：「橫拳似彈性屬土，生劈克鑽切合弧，勾股三角極微處，心肝脾肺腎為主。」直接用一句話清晰明瞭地告訴傳人，橫拳走的是勾股三角形的斜邊（圖1中的黃色虛線）。理論非常具體，說法並不玄妙。

以太極拳為例。太極拳大師鄭曼青在其著作《鄭子太極十三篇》中，專門列一章節——勁與物理，用三角形、圓形理論闡述太極拳的奧秘。他回憶師父楊澄甫時說：「吾師澄甫，每每告余曰：『發勁須找到一直線，方可發。』」楊澄甫宗師在教拳的時候，用直線的概念教授傳人太極拳原理，簡潔明瞭，其門下高手眾多，享譽盛名。

拳法的傳播越來越廣，很多文人往拳法裡加入了用於解釋說明的東西，這些解釋說明的東西越來越多，拳卻並沒有變得越來越容易練習。還有一部分老師特別保守，不為學生說明白其中的原理。纏絲、鬆沉、圓活、下塌外碾，這麼重要且厲害的東西，到了我們這裡都成了空話、套話。

任何學科想要培養出人才，理論上必須清晰明瞭，易於被初學者接受。目前談到內家拳就聊氣、周天的教學方式，除了讓人迷糊，沒有任何作用。

　　一個拳法流派怎麼才能夠人才輩出？近代最後一個成功創出的拳法是大成拳。大成拳創始人王薌齋先生是練形意拳出身，結合八卦掌、太極拳、鶴拳等優秀拳法創編了大成拳，教出了很多高手。與其說王薌齋先生創編了一種拳法，不如說他發明了好的訓練方式，提出了清晰的訓練邏輯。

　　王薌齋先生的拳譜中提到了槓桿力、定中力、滑車力、斜面力、開合力、驚力、彈力、惰性力等，從力學角度講解功夫，而非從虛無縹緲的概念去講解，而且放棄了一切套路，只進行功法的訓練，開發人體功能。

　　能批量造就人才的功夫，必然具備科學、容易理解、可操作性強的特點。當然，我並不反對氣、神等說法，當我們有了一定功力之後，這些東西也可以研究。但是前提是先出功夫。郭德綱先生說：「先搞笑吧，如果相聲不搞笑，那就太搞笑了。」武術也是這樣，如果學習者聽不懂，練不出功夫，不能實戰，就太搞笑了。

　　因此，我們要建立科學的內家拳理論體系。

（二）訓練過程不合理

　　初學者有了正確的理論支撐之後，還要有一個好的訓練過程，量化每個階段需要花費的時間及達到的效果。為什麼？

　　如今，人們往往沒有太多時間練功，平時要工作，除去工作時間，最多只有 2 小時可以練功。相比於古代的職業武師，這樣的訓練時間可以說是很短了。但是 2 小時

的訓練時間真的不夠嗎？負責任地說，如果練得正確，2 小時已經足夠了。因此，如何利用每天 2 小時的鍛鍊，提高出功夫的效率，是我們需要研究的課題。

隨著出生於 20 世紀五六十年代的拳師逐漸老去，很多武術的老規矩也逐漸消失了。這批老前輩的師父，都是真正的武術家。很多老前輩的練功諺語、口訣是很有內涵的，大部分是他們對練功過程及經驗的總結。現在，這些珍貴的諺語、口訣逐漸失傳。

很多人不知道過去的武者怎麼練功，於是拿很多錯誤的東西當作正確的來練。現代社會訊息爆炸，各種拳法的說法、功法層出不窮。對於什麼是對的、什麼是錯的，練習者並沒有一個清晰的判斷標準，於是會輕信某種說法，走上歧途。

現在很多練習者最容易犯的錯誤是，把結果當作過程。

以形意拳為例，最常見的錯誤理解是「入門要站三年椿」，這是絕對的以訛傳訛。

這裡面有一個故事。孫祿堂老前輩的學生齊公博據說不是很聰明，別的師兄弟都能夠很熟練地練習形意拳套路，就他自己學不會。於是孫祿堂就安排他踏踏實實地站椿，一站三年。三年過去了，齊公博跟其他師兄弟交手，搭手就贏，於是眾人贊嘆：「入門要站三年椿啊！」

這個故事作為形意門中的勵志故事，一直廣泛流傳，很多人被洗腦，以為一味地站椿，是最快速的出功夫方法，連拳法都不用練。

《逝去的武林》一書中說：李存義教人是不教樁的，看著徒弟們太笨才教樁。尚雲祥不練站樁，平時就慢慢地打五行拳。

到底要不要站樁？這兩種說法到底哪個對哪個錯？有智慧的人總是少的，在「入門要站三年樁」這個故事中至少存在著以下幾個邏輯漏洞，明眼人一看便知。

（1）齊公博是在練功，其他師兄弟是在玩套路。三年之後，練功的打不過玩套路的才是不對的！

（2）齊公博站樁三年之後，已經出功夫了，根本不是大家說的入門。齊公博站了三年樁後出了功夫，我見過很多站了十年樁還不出功夫的朋友。現在，所謂「入門要站三年樁」不過是不出功夫的人的自我安慰而已，按理說站樁練對了，三年可能都夠用一輩子了。

（3）齊公博站樁，是在孫祿堂口傳身授下進行的，站樁站的是對的，所以三年就出了大功夫。而且，前兩個月站的樁，肯定跟後兩個月是不一樣的。第一年站的樁，一定跟第二年不一樣。想進步肯定要學習更高深的東西，上一輩子一年級，也解決不了三年級的問題。

因此，更大的可能是，齊公博是在孫祿堂的特殊關照下，在三年時間內取得了不錯的進展。這是有心栽培的結果，絕對不是笨人變聰明的勵志故事。就好比醜小鴨變成白天鵝，鴨子是怎麼都變不成天鵝的，能變天鵝是因為人家本來就是天鵝。

齊公博為何能得到孫祿堂的垂青？歷史太久遠了，

我們無從猜測，然而，可以確定的是，齊公博絕對不是笨人。如果我們信了這個勵志故事，並且三年內只站樁，那才真的是浪費自己的時間，最終也很難出多大的功夫。

別的拳種我不知道，形意拳、八卦掌過去都是以快速出功夫著稱的。跟著前輩們練三年，就能出來走鏢護院、戳桿立旗、打出名堂。楊露禪的兒子楊班侯、楊健侯也是年少成名的。

很多人站了三年樁，但是連技擊最基礎的距離感都沒有。練內家拳卻連跟別的流派較量的膽量都沒有，算成功嗎？練三年拳擊都能參加個業餘比賽了吧？過去徒弟三年不出功夫，師父還願意一直教他嗎？

要知道，樁功不過是一個特殊的靜止狀態，是為了培養整勁或者抻筋拔骨。哪怕透過樁功修煉出來了整勁，這也是靜止狀態下的整勁。若沒有動態拳法的引導練習，到實戰時，一動整勁就會散掉。拳法訓練與樁功訓練的關係，其實就是動態訓練與靜態訓練的關係，二者缺一不可。

樁功到了什麼程度需要開啟拳法訓練？拳法到了什麼程度需要回歸到樁功訓練？裡面的細節需要有人去量化。

武術有學問，不可以以訛傳訛。

1.5
內家拳與外家拳的區別與聯繫

內家拳一定柔軟嗎？

外家拳一定剛硬嗎？

內家拳的表現形式是什麼，

弱點在哪裡，您知道嗎？

一個人開始學習武術之前，首先會面臨一個選擇：武林中門派眾多，我應該練哪個？一般來說，傳統武術分為兩類：內家拳、外家拳。

（一）內家拳、外家拳的劃分標準

習慣上，我們把看上去動作慢吞吞的拳法，例如形意拳、太極拳、八卦掌，稱為內家拳；而將動作快速連貫，看上去剛勁有力的拳法，稱為外家拳。

然而這樣的區分標準並不是很合理。

以號稱內家拳的陳式太極拳為例，其中的二路炮捶頻繁發力，看上去快速有力，而楊式太極拳也有一種非常著名的練法，叫作太極快拳，若以演練速度為標準來分，這兩種太極拳都應該屬於外家拳的範疇。再看號稱外家拳的少林拳，其中柔拳這一流派緩慢綿軟，十分符合內家拳的標準。

如果按照世俗的理解，以氣感、經絡為標準進行劃分呢？外家拳是否就不練氣了呢？少林拳有柔拳、心意把，八極拳也有專門的氣功，那它們算不算內家拳呢？可見，以氣感、經絡為標準來分內家拳與外家拳，也是不合適的。

（二）拳無內外，其理皆通

現在所謂的內家拳，不過是近 300 年間出現的，它的形成與創建，離不開之前所謂外家拳的武術基礎。

黃宗羲在《王征南墓誌銘》中，第一次提出了「內家」「外家」之說。文章開門見山說道：「少林以拳勇名天下，然主於搏人，人亦得以乘之。有所謂『內家』者，以靜制動，犯者應手即仆，故別少林為『外家』。」因此，內家拳與外家拳的區別更多的是表現在擊打效果上。

被打的人重心不穩，跌仆而出，這是內家拳最具有代表性的特點。因此，即使您練習的是內家拳，在技擊時，如果做不到把人打得站立不穩、犯者立仆，就沒有達到內家拳拳理的要求，也就不是內家拳。

而大家以為的螳螂拳、八極拳等外家拳，如果能夠做出以上效果，也一樣可稱為內家拳！

很多人聽到這裡會感到很詫異，因為這與大眾的觀念相悖。造成這種觀念差異的原因，歸根結底還是大部分武術練習者沒有深入研究過各個拳種的拳理。

八極拳有六練八要：

一練拙力如瘋魔，二練軟綿封閉撥，

三練寸接寸拿寸吐露，四練自由架式懶龍臥，

五練臟腑氣功到，六練筋骨皮肉合，

七要尊師與重道，八要仁義與有德。

八極拳練到了第二層，就「軟綿封閉」了，風格是不是就很接近大家以為的內家拳了？可見，雖然人們把八極拳歸類為外家拳，但其拳法理論根本上還是屬於內家拳。

螳螂拳有中直、八剛、十二柔的拳法理論，如果大家深入瞭解，也自然地會把它歸類於內家拳。

那麼問題來了，除了擊打效果，內家拳與外家拳在訓練方式上有沒有根本的區別呢？如果不搞明白這個問題，很多朋友就會即使學的是內家拳，也很容易把它練成不破壞對方重心的外家拳。

為何大家普遍以為內家拳動作緩慢，而外家拳動作迅速？其根本原因是內家拳與外家拳側重練習的部位不一樣。

按照拳譜所言，人的身體分為三節：梢節、中節、根節。

從全身來講，腿為根節，腰腹（丹田）為中節，胸腔以及上肢為梢節。從上肢來講，手是梢節，肘為中節，膀為根節。

從下肢來講，腳是梢節，膝蓋是中節，胯是根節。

從手上來講，掌根是根節，指根是中節，指尖是梢節。如圖 2 所示。

所謂外家拳，是以訓練手腳（梢節）為開始的，因

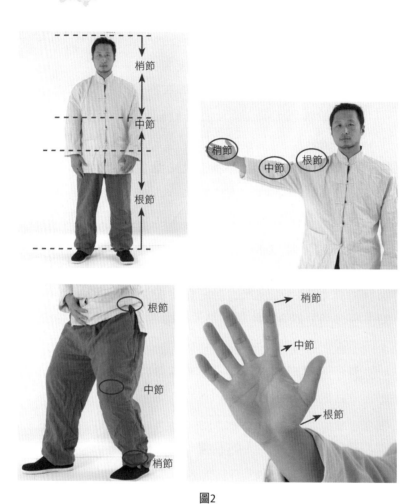

圖2

為手腳運動範圍大，故運動速度快，很容易在外形上看出來，顯得迅捷剛猛；而所謂內家拳，是以訓練膀胯（根節）為開始的，膀胯的運動看上去沒有手腳那麼快，導致動作看上去慢吞吞的。實際上膀胯的運動也很快，不過從外形上看不出來而已。

從這個論點出發，大家可以思考一下，常見的太極拳、形意拳、八卦掌，是不是從基本功開始就要求膀胯要運動？例如，太極拳大部分動作都是兩腳固定，運用轉腰轉膀運動身體。

然而大部分內家拳練習者只注意練習手法，練習套路的過程中手臂擺來擺去，卻沒有軀幹的吞吐變化，這樣的練法練不到根節，怎麼能達到內家拳的養生及技擊要求呢？

以形意拳為例，形意五行拳劈、崩、鑽、炮、橫，號稱對應肺、肝、腎、心、脾。都說劈拳強肺，但是如果練得不對，以梢節劈擊，活動的是大臂、小臂，壓根兒練習不到胸部，怎麼可能有強肺的作用呢？

錯誤的劈拳：脊柱沒有變化，只屈伸胳膊，也就是身體的梢節。如圖3。

圖3

圖4

正確的劈拳：背部呈弧形，配合特殊的呼吸方式，壓迫胸肺。如圖4。

如果我們以膀胯、脊柱打劈拳，能明顯感覺到胸腔壓縮、打開的過程。從解剖學來講，這期間，隨著深沉的吸、呼，橫膈膜大幅下降、上升，肺部會得到伸長、壓縮，在膈肌的帶動下形狀產生變化。這樣的劈拳才能起到強肺的作用。

正確的練習方法能夠明顯練習到根節，不是用拳頭直接發力，而是膀胯催拳頭，脊柱催膀胯。長期堅持用這樣的方法練拳，才能訓練五臟。而用錯誤的練習方式練拳，練的都是手臂、雙腿等梢節和中節，脊柱沒有變化，練不到根節，自然達不到健身或出功夫的效果。

不止形意拳，太極拳、八卦掌也是這樣。大家反思

一下，自己練的是不是梢節和中節？是不是手臂的運動多
於膀胯的運動？

大家自己有時候看不出來，若自己能發現不足，就
可以自行改正、進步了。為何內家拳要放棄快速的梢節動
作，而練習看起來慢吞吞的膀胯動作？

這是不是捨近求遠呢？

在技擊中，重心與打擊力量的辯證關係起到了至關
重要的作用。

就打擊力量而言，手腳離軀幹遠，有充分的做功距
離，打擊力度一定大於膀、胯。例如：拳、腳打擊到物體
上的力量，肯定要大於膀、胯的打擊力量。

然而就破壞重心而言，膀、胯這種更接近軀幹的部
位能夠借用更多的體重撞擊對手，用很短暫的碰撞破壞對
手的重心，讓對手站立不穩，產生「犯者立仆」的效果，
這一點是拳、腳的遠程攻擊做不到的。

重心與打擊力量在實戰中都很重要，但重心的優先
級要高於打擊力量，因為當人重心不穩的時候，什麼有效
的動作都用不出來，無法反擊。

在現代搏擊賽場可以看到，拳擊高手被柔摔高手控
制住重心抱摔之後，他之前的快速移動、迅捷打擊的技術
就再也無法使出了，只能被摁在地上擊打。

內家拳更重視用膀、胯的力量破壞對手的重心，傳
統武術將其叫作催根。形意拳號稱「把把虎撲」，其義就
是練好了內家拳，也可以拳打腳踢。與外家拳不同的是，
內家拳拳打腳踢的力量來自膀、胯、脊柱，能夠由短暫的

接觸撞擊對手重心，讓對手站立不穩。

　　這一點不同於摔跤。摔跤需要藉助把位近身，進行柔摔。內家拳練習推手，講究搭手放人，就是利用膀胯調動體重發力，由手臂的接觸點打擊對手重心，雖然一樣是拳打腳踢，但是每個動作都能控制對手重心、破壞對手平衡，使其站立不穩，達到令對手「立仆」的效果。

　　因此，真正的內家拳，可以說是用搏擊的招數出拳、出腿，來達到如同摔跤一樣重心控制的目的。舉例如下。

　　以圖 5 為例。

　　（1）我以右手劈拳撞擊對手前手，並威脅對手重心。

　　（2）我借用對手前頂防禦的力量，左手從下方穿出，控制對手後手。

圖5

（3）同時我左腿上步，管住對手前腿，令其站立不
穩。

（4）在對手失重無法反擊的情況下，我用後手塌掌
進攻對手薄弱的肋部。

大家可以掃描前摺頁的 QR Code，觀看相關影片詳
解，其中的細節一目了然。

現代搏擊根植於西方的動力鏈發力方式，在使用
拳、肘、腿、膝打擊的過程中，大部分以打點傷害為主，
而不以破壞對方重心為主。

西方的柔摔類項目，主要應用於近身搏鬥，很難通
過遠程拳腳打擊的方式控制對手重心。

而在東方文化薰陶下的內家拳，訓練膀、胯、脊柱
發力，可以由拳打腳踢持續破壞對方的重心，完全不同於
西方的柔摔。假如現代搏擊的運動員學會了內家拳的發力
方式，再結合搏擊的打擊方法，可以如虎添翼。

如果我們一直模仿、學習西方，永遠是亦步亦趨，
那勢必難以超過他們。如果我們的運動員深入研究中國傳
統武術中的發力方式，就能在本來就很高的水準上，繼續
提高自己的能力。

別人打你時你能防禦，你打別人時別人就站不穩，
重心持續被你控制。想想，這樣的情形下對手得多無奈？
如果能深入學習，這樣的打擊方法很容易做到。

總結一下，內家拳的核心就是優先訓練膀、胯，利
用體重產生破壞對手重心的力；而外家拳更加重視打擊力

量，透過優先訓練梢節，也就是手足擊打，形成速度快、位移大、看上去剛猛迅捷的風格。

如果您的內家拳沒有練到膀、胯，推手過程中總與對手頂牛，不能透過短暫的接觸破壞對方重心，那大概率就是練錯了。在推手這種慢速的運動中都無法破壞對手重心，何談快速擊打呢？

（三）只練外家拳或者只練內家拳，可以嗎？

功夫考驗的是一個人的綜合素質，訓練不能偏重一項，從膀胯（根節）到肘膝（中節）到拳腳（梢節），要周身勁整，缺一不可，不然技術就會有短板，遇到高手就會落敗。

舉個例子。

某甲練習太極拳多年，平時緩慢練習套路、推手，根節發力如山倒嶺塌，曾自滿於自身的爆發力。然而由於平時沒有進行過梢節練習，例如步伐的快速移動、拳法的高頻打擊等，一遇到快速對抗，動作速度就跟不上，很容易被別人兩拳打倒，數十年純功全無作用。

某乙練習外家拳多年，不按照拳譜要求訓練中節、根節，僅訓練梢節的速度，自滿於拳腳梢節動作快速有力。倘遇到三節勁整、善於破壞重心的高手，某乙很容易會被膀胯之力催根，在與對手衝撞的瞬間失去重心，被對手輕鬆擊倒。梢節速度再快，也全無用武之地。

對於三節的鍛鍊，被世俗認為外家拳巔峰的少林拳派的秋月禪師曾說：「掌心力從足心起，一指霹靂萬人

驚。」

　　可見，即使是大家以為是外家拳代表的少林拳，也要求力量從腳底根節起，貫穿腰胯中節，到達手指梢節，形成三節勁整。而且少林拳對於身法的要求是滾進滾出。少林拳中最具代表性的心意把，也是搖膀活胯練根節，與內家拳的鍛鍊並無本質區別。

　　傳統武術與現代搏擊的不同大概也在於此。從底層邏輯來講，現代搏擊用動力鏈發力，而內家拳用丹田發力。發力方式不同，導致了技術層面的表現形式完全不同。

　　如同英語與漢語拼音一樣，雖然同樣是字母ABCD，但是英語中的 ABCD 和漢語拼音中的 ABCD 發音完全不同，最終導致英語和中文的發音、組詞完全不同。

　　如果大家始終以西方搏擊的眼光來看內家拳，肯定會覺得內家拳慢吞吞的，不能實戰，因為沒有快速移動，就如同以看拳擊訓練的眼光去看摔跤會感覺摔跤動作好慢一樣，然而，你能說摔跤不能實戰嗎？

　　拳法本無內外，內家拳和外家拳訓練的側重點不同，一個先練根節再練梢節，一個先練梢節再練根節，但殊途同歸。練習外家拳的朋友參考一下內家拳對根節的訓練，也許能更快地提高功夫；練習內家拳的朋友，如果參考一下外家拳對梢節的訓練，也能縮短出功夫的進程。

1.6
現代人虛無縹緲的門派歸屬感

門派能夠豐富人的社交圈？

你在這個圈子裡能收穫什麼？

它值得讓你成為它的「死忠粉」嗎？

多接觸點其他門派、圈子不好嗎？

很多武術愛好者沉迷於武俠作品，喜歡強行把自己所學歸於某個門派，故步自封，不向其他流派學習，甚至美其名曰「保留某門派的純潔性」，似乎是學的流派越少，功夫越純。

武術是門實戰的學問，目的是養生或者技擊。以武入道的話題我們前面已談過。人往高處走。假如一個人不能發現自己的缺點並廣泛求助於多個流派嘗試解決，那麼越練某種拳法，他就會變得越固執、越沒有自知之明、越難以進步，那還練這個拳幹嘛呢？

或許由於太崇拜某個拳法了？但假如這種崇拜讓你成為井底之蛙，那是不是越練就越倒退了呢？

很多學員意識不到這一點。

經常有人問我：龐老師，練功要朝哪個方向？站樁太累的時候能不能動一動？飯後多長時間可以練？出這麼多汗，不會有問題吧？

　　按照古人的收徒標準，問這種問題的朋友都屬於練武的中下之資，為何？我們細細道來。

（一）練功朝哪個方向？

　　古人講：「朝不面東，暮不面西。」是指對敵時不要面對強光，否則逆光之下，難以辨清對手的攻擊，這是基於實戰總結出來的。練功時強調方向，是為了形成習慣，但不可拘泥。

　　過去習武之人走鏢護院，遇到衝突，隨時都可能戰鬥，突發戰鬥時他難道還要遵守練功的方向？如果敵人在北面，有要求說永不向北，難道他們要背對敵人作戰嗎？

（二）站椿太累的時候能不能動一動？

　　小學生被罰站都知道累了要歇歇，站椿累了為何不能動？而且站椿的動是有講究的，按照規矩動反而有助於功夫上身。

　　如果練了這麼多年拳，卻連給自己做主的能力都丟失了，那還不如小學生呢。若真如此，這些年為練拳所付出的努力，起到的就都是反作用。

（三）飯後多久可以練？出汗多有沒有問題？

　　飯後半小時甚至 1 小時內不能運動，此時運動會影響消化系統的工作。至於出汗多，人跟人不一樣，體脂高、體重重的人自然更容易出汗，身體瘦弱、體質差的人也容易出汗，甚至有的身體健康的人也愛出汗。

　　我教過很多學員,有些學員缺少邏輯思維能力、判斷能力,盲從無道理的東西,不會主動思考。哪怕我很認真地教學,細分要點,他們也很難練出功夫。如果大家多反思自己的行為,能由練拳培養出邏輯思維能力、判斷能力,那就有以武入道的兆頭了。

　　很多習練者可能自己不懂武術,受到一些老師的影響,產生了很多奇怪的理念,例如:認為練太極拳不能練力量!

　　要知道,武術講究對抗,肯定是力量越大、速度越快,成才的概率才越高。力量是所有對抗運動的基礎,在力量差不多的前提下,才能談技巧。

　　太極推手運動員練力量、抓對抗,廣泛為人詬病,被認為是偏離了太極拳的思維。持這個觀點的朋友應該沒跟人對抗過。對手的力量大到您掤都掤不住,一衝您就站不住了,何談化解呢?

　　武術能養生的底層邏輯在於,刻苦的訓練可以提高人的身體素質。只有身體素質好,才能健康、長壽、提高生活品質。

　　我們都聽說過,功夫好的老前輩練功很刻苦,一天練很多遍拳,甚至練到上床時腿都抬不起來。這就是在練腿部力量。

　　還有人認為練形意拳不能練散打、摔跤,練了就是欺師滅祖。而事實是,形意拳自古到今都以實戰能力著稱。

　　如果連現代搏擊都沒對抗過,就妄圖研究形意拳,

是根本理解不了形意拳功法中關於實戰的那部分的。

沒有跟摔跤對抗過，就妄圖研究太極拳，也不能發現太極拳推手中那些優秀的、與摔跤不同的重心控制技術。

這樣的朋友即使有好的傳承，也空入內家拳寶山，學不到真正的核心。雖然嘴上不承認，但這些武術習練者往往心裡認為傳統武術很脆弱，認為練了現代搏擊就背叛了傳統武術。如果傳統武術真的那麼脆弱，可能早就經受不住時間的考驗而消失在歷史的長河中了，根本流傳不到現在。

程廷華先生是練摔跤出身，不耽誤他學習八卦掌成為一代宗師；

郭雲深、劉奇蘭兩位先生是學八極拳出身，不耽誤他們學習形意拳；

李瑞東是練摔跤出身，不耽誤他成為太極拳高手；

朱國福、朱國祿兩位先生練拳擊和摔跤，不耽誤他們成為形意拳佼佼者；

卜恩福先生是當時的拳擊、擊劍、摔跤冠軍，這也不耽誤人家成為大成拳高手；

......

這些前輩不僅沒有背叛傳統武術，反而都是當時的佼佼者，為內家拳發展做出了突出貢獻。

傳統武術的很多特點是現代搏擊所不具備的，能夠給現代搏擊提供參考。身為現代武者，要弄懂不同流派的特點，才能夠透過對比，發現自己門派武術的長處，並闡

述出來。

虛無縹緲的門派歸屬感、故步自封的研究態度，是傳統武術進步的最大障礙。

拳諺有云：人從三師藝更高；拳加跤，藝更高；八極加披掛，神鬼都不怕。

以一個門派為基礎，接觸的流派越多，越容易透過不同視角找到武術的真諦與核心。如果把出功夫作為目標，那麼不同門派的訓練體系就相當於不同的解決方案。

有肺部疾病的朋友，呼吸能力弱，不適合練快速出拳出腿的少林拳，改練緩慢運動的內家拳更合適，所以他可以學習太極拳的訓練體系。

有的人身高體壯，精力充足，練習少林拳可快速提高實戰能力，他就可以學習少林拳的訓練體系。

只要訓練時間足夠、方法正確，無論先天素質高低，有心人都能透過練習武術達到強身健體甚至技擊的目的。因此，朋友們不必執著於練內家拳還是外家拳，按照自己的脾氣性格、身體素質、文化喜好，選擇適合自己的就可以了。

1.7
武術愛好者與武俠愛好者

您喜歡的是練武術還是談武術？
拳師皆勇猛果敢之輩。
踏實練功並且水準高的人，
才會被口口傳頌。

我們可以大致將喜歡武術的人分為兩類：武術愛好者、武俠愛好者。

武術愛好者是喜歡武術，並且願意花時間練習的人。這類人，行動放在思考前面，即使沒有好的老師，他們也能夠按照以前跟老師學的，甚至自學的基礎練習，以期獲得更高的功夫、更健康的身體。

而武俠愛好者的興趣在於談武術、思考武術，而非練習武術，為了滿足心中的武俠情結，他們可能會進行少量的練習。

武俠愛好者在喜歡武術的人裡面佔大多數，這類人可能會透過練習武術獲得健康，然而不容易出功夫，更別說成為高手。

很多朋友經常問我：「練內家拳，每天練多久能出功夫？」這個問題其實很好回答，關鍵是大家對自己的定位。

　　如果您練功是為了身體健康，每天練半小時就足夠了；

　　如果是為了在當地能夠有名氣、比別的武者強，每天練 2 小時是差不多的；

　　如果想傳承功夫，將來當師父授徒育人，那麼每天必須練 3 小時甚至更多的時間；

　　如果想名留青史，功夫水準趕上尚雲祥、孫祿堂等大師，一天訓練 4~6 小時才能有成就。

　　練功夫沒有捷徑，最重要的是在正確道路上持續前進。王道無近功，大器必晚成，想收穫多少，就需要投入多少時間精力。

　　但是，並不是努力就能夠出功夫，方法很重要。

　　有正確的訓練過程，才會有正確的結果。如果您是武俠愛好者，可以多參考本書的講解，多瞭解拳理，以便更好地理解功夫；如果您是武術愛好者，找到正確的方向然後努力練習吧？

帀 1.8
武術養生與技擊的悖論

人多好逸惡勞，

想健康長壽但不想下力氣、出汗。

怎麼才能長壽？

長壽的核心是不是更強的身體素質？

練功沒有強度，跑跑步都氣喘吁吁，

您說您練的是內功，能養生，

您自己信嗎？

內功是什麼？

在內家拳中，內功大概可以分為以下兩個方向：

（1）呼吸吐納的養生內功；

（2）一觸即發的、可以實戰的內功。

　　一觸即發的、可以實戰的內功實際就是整勁，可以透過科學的訓練方式在短期內訓練出來。在訓練出整勁之前，都是在找勁。然而現在練武最大的問題是，找勁這個過程非常漫長，動輒十幾年，甚至有的人耗費數十年都找不到正確的內家拳勁路。

　　找到內家拳的勁是練習內家拳最基礎的要求，如同拳擊中的直拳。練直拳時，由單人的訓練找順動作，就能

打出更大的爆發力，這就叫找到了直拳的勁。找到勁之後再訓練才能有所提高。不要把找勁想得太難，找勁實際很簡單。

呼吸吐納的養生內功的原理也非常科學。透過拳法的鍛鍊，我們的肢體可以變得強健，但我們的內臟如何得到訓練呢？

根據解剖學知識，在身體的中段，胸腔與腹腔的交界處，有一個組織叫作膈肌，它起到隔開胸腔與腹腔的作用。人體內有很多臟器，比如心臟和肺、肝臟都與膈肌相連。在呼吸吐納的過程中，橫膈膜，也就是膈肌，會帶動內臟上下移動。在呼吸吐納過程中，除了膈肌，盆底肌也在運動。膈肌與盆底肌之間的內臟都會隨著腹壓的變化進行擠壓和放鬆。好的呼吸吐納方式，相當於一直在對內臟做按摩，這一點是外部肢體鍛鍊難以替代的。

然而不能太痴迷於呼吸吐納的養生功效。迷信呼吸內功是很多武術愛好者的通病。內家拳是內外兼修、肢體與臟腑全面得到鍛鍊的武術，偏重任何一方都是不對的。

養生的核心是什麼？

當然是強大的身體素質！

練武不過是透過正確的訓練、比別人大的運動量，提高身體素質。

武術是對抗的藝術，所有技術細節都是圍繞讓身體肌肉變得強壯，將筋骨、氣息調整到最佳狀態而安排的，目的是打敗對手。

只有技術細節到位才能透過武術養生，並且這個練

習過程肯定是痛苦的，因為很多平時練不到的肌肉會酸疼。李小龍形象地說：「練武就是自討苦吃的過程。」一語中的！

　　從本質上來講，養生是技擊的副產品，衝著技擊練一定能得到養生效果。古人云：「取其上者得其中。」很多人衝著養生的目的去訓練，覺得自己要求不高，動動就行。於是隨隨便便找個老師，動作也練得不到位，結果就是很容易受傷。運動強度小，生怕出汗，氣血自然得不到很好的鍛鍊，又怎麼可能改變原本羸弱的體質呢？這是「取其中者得其下」。

　　外面的肌肉都鍛鍊不好，又怎麼從外到內強化內氣呢？鍛鍊外部的肌肉相對而言還是有章可循的、容易的，內在的氣息如何正確地鍛鍊呢？

　　懂內功的老師比懂武術的老師還難找，就連最強調意念的大成拳的創始人王薌齋先生都講：「意念是建立在正確形體狀態上的，如果外形不對，意念都是空想。」但是經常有武術愛好者忽略基礎。

　　很多人跟我說想打通大小周天，要知道，想打通大小周天，得先花點時間學學中醫，先研究一下子午流注。搞清楚中醫的基礎理論，才能判斷教你打通大小周天的人是肚裡真的有貨還是在唬弄人。

　　有的朋友說，我之前練打坐導引，效果沒你說的那麼差，身體好了很多。這種情況確實存在，因為運動就比不動強，但您如果試一下真正的武術訓練，出點汗下點力，可能身體會更好。

1.9
如何選擇正確的老師：明師、庸師與刁師

受人尊敬的老師，

都有一個共通的特點，

那就是，

他教授真正的東西。

很多朋友都因為不正確的練功動作而膝蓋傷痛。以站渾圓樁為例，錯誤的練法都是上身直挺挺的，所有的重量都沿著紅色箭頭落到膝蓋上（圖6），長期如此訓練，膝蓋肯定會疼。

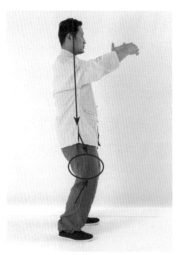

圖6

圖6中的這個錯誤的渾圓樁動作，很多人認為是正確的。他們以為該動作正確的原因如下：

（1）上身直挺挺的，彷彿符合拳譜中的立身中正原則；

（2）看上去很協調、放鬆，大多數人都是這麼練。

　　然而這是一個極其錯誤的動作，若長期用這樣的姿勢訓練，形成了錯誤的形體姿勢，那以後練什麼動作都是錯誤的。

　　太極拳有個很重要的拳理叫「支撐八面」，在練渾圓樁時，假如動作做對了，左右、上下、前後都會具備掤勁，很容易做到左右方向有力，因為頭部與兩腿構成了一個穩固的三角形（圖7）也很容易做到上下方向有力，使別人摁不動。

　　但是在前後方向上，大部分人是無力的。我們有一個體驗課程叫作「兩根手指檢驗內家拳漏洞」，講的就是這個事兒。讓對手用兩根手指沿著圖8中黃色箭頭的方向，推一下你的手腕或者胸口。大部分朋友會站立不穩，要嘛與來力頂抗前傾，要嘛被兩根手指推得後仰，做不到立身中正。

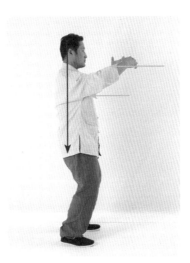

圖7　　　　　　　　　　圖8

　　站渾圓樁，在左右方向穩定，在上下方向穩定，在前後方向卻一點力量都受不了，這符合支撐八面的拳理要求嗎？前後方向的問題解決不了，這個渾圓樁就是殘缺的、有瑕疵的。

　　其中的原理很好理解，參照圖8，身體就像紅色直線般直挺挺的，遇到黃色箭頭所示的前後方向的力量，立刻會完全受力，因為來力完全垂直於軀幹的紅線。

　　對手跟我們對抗時，總會給我們前後施加力量以破壞我們的重心。所以按照這種方式訓練，養成習慣後，無論練套路還是實戰推手，遇到前後方向的力量就一定會頂抗，自己的重心很容易就前傾或後仰。大家以為的「立身中正」，反而達不到立身中正。

　　古人所謂的立身中正，指的是受力後依然能保證立身中正，而不是只在練拳的時候直挺挺的。這在形意拳前輩薛顛先生的著作中叫「身如桿立易跌仆」，是不是很形象？直挺挺的身法姿勢，就像立直的桿子一樣，一碰就倒。

　　大家特別容易錯誤地理解拳理。例如：圓襠，很多朋友在站渾圓樁的過程中，喜歡兩膝蓋外撐或者裡扣。

　　這兩種訓練方式從本質上來說都是錯的，如圖9、圖10所示，都會讓身體的重量落到膝蓋內側或外側。

　　正確的站樁動作，無論對於慢性病還是骨骼傷痛，甚至神經系統的問題，都有很好的康養作用，前提是動作姿勢正確。大部分人要嘛直挺挺地站，要嘛撐圓襠部，要嘛扣膝。而站樁作為靜態訓練，動輒就須練40分鐘到1

圖9　　　　　　　　　　　　　圖10

小時，錯誤的站姿會讓體重壓力長時間地集中在膝蓋。大部分人站樁不出功夫，甚至練傷膝蓋的原因就是站樁動作不對。

　　練武的過程就是思考的過程，受傷了自己不去找原因，或者咨詢明白的老師，卻持續地按照錯誤姿勢訓練，只會離正確的方向越來越遠。因此，以武入道在某方面也可能是讓我們由武術練習學會處理問題。人在進步過程中總會遇到各種問題，一帆風順幾乎是不可能的。遇到問題，能採取相應的方法解決，人的能力才會得到鍛鍊。

　　有的朋友想去解決自己膝蓋的問題、站樁姿勢的問題，卻被自己的老師或者朋友阻止，說你想請教的人不好，功夫不好，你不要聽他的。努力想改變現狀，卻被別人阻止，導致無法進步，這種情況很常見。

　　武林是一個大染缸，水很深，有好人也有壞人。練拳過程中，有些事只能靠自己去判斷，但有時候自己也靠不住，因為很多人沒有反思的能力。大部分朋友學拳之前就認定了某個拳種是自己喜歡的，自己對自己洗腦；加上大部分老師比什麼都不會的學員水準稍高，很容易透過洗腦讓學員更加迷信他，產生以師為父的感情，對老師言聽計從。這在過去叫拴馬樁，用你想得到的東西，把你拴在門派的柱子上。慢慢地，學員自己也就認同了老師的話，決定以這個門派的訓練方式，達到一定高度，彷彿一旦質疑這種訓練方式就是對門派的背叛一樣。

　　我的教學觀念跟很多門派的觀念衝突很大，如前面說的關於渾圓樁的問題。我們實地培訓時，學員體會很好，但是事後還是有一部分學員放棄了這個訓練方法，依然沿著老路去走，因為很多人對於之前的練法有了依賴，形成了慣性，捨不得放棄。

　　在這裡，我也告誡年輕的朋友，學武術不要輕易拜師。師父是一個人的名片，沒有經過多年接觸，很難瞭解這個人的人品，如果拜了一個品行不好的人為師，是會被人笑話的。

　　一個老師如果動輒幾百號徒弟，但徒弟中只有一兩個出功夫的，我建議還是別跟他學了。這一兩個出功夫的也可能不是他教出來的，有可能是參詳其他門派的拳法出的功夫，不然剩下的幾百個徒弟怎麼會都沒有出功夫？

🏳 1.10
學拳與資金投入

學任何技術都需要交學費。
一個行業，如果從業者不賺錢，
就不會有年輕人進來，行業一定會沒落。
傳統武術因為鏢師行業沒落，
年輕人練武不賺錢，才逐漸衰敗。
國人不習慣談錢，彷彿金錢是罪惡的。

談到跟隨別人學習，不可避免地要談到費用問題，這跟金錢觀無關，跟武術的生態有關。

現代搏擊為何能夠興起？

（1）年輕人花錢學搏擊，教練能開拳館獲得收入，於是教練的經濟收入得到保證；

（2）年輕人學拳後可以打比賽，獲得知名度，出場費、比賽獎金、廣告代言費等保證了運動員的收入；

（3）從事搏擊的年輕人有收入，於是不斷地有新的搏擊選手加入進來，賽事方有充足的人員流動及補充，有條件舉辦各種的賽事，這是盈利的前提；

（4）賽事方有眾多的高手競技，有了炒作的可能及新聞熱點，轉播方有了優秀的內容，媒體平台有了獲得收入的可能；

（5）搏擊愛好者能從不同的平台看到搏擊比賽，滿足了自己的愛好，可能會有一部分愛好者為了自己的愛好花錢去學拳，甚至成為職業搏擊運動員，加入這個循環。

按摩、理療、廣告、電腦……任何有生機的行業都一定是能吸引年輕人參與進來的。按照學習、就業、工作、賺錢的環節一個不缺，行業才能夠蓬勃發展，而傳統武術沒有這個流程。

傳統武術沒有形成一個吸引年輕人進來的經濟體系。沒有人才湧入這個行業，何談發展呢？

洪均生先生學太極拳的時候，是一堆一堆銀元地給；王薌齋先生教拳的時候，學生也是金條、銀元地送。任何行業，如果出現從業者沒有收入的情況，這個行業一定會消失在歷史的長河中。

有的時候老師可以因為情懷或者抱負免費教學，但是學生不要有免費學的想法。商業的本質是交換，老師能教技術，對你好，你能給老師什麼？為眾人抱薪者，不可使其凍斃於風雪！習拳者一定切記，老師收費教學我們好好學，老師不收費教學我們感激，但也不免費學，這樣才是順從交換的本質，順從交換的本質，才能維持老師最高的教學熱情。

老師心中都有桿秤，感情或者金錢不到位，就不會把珍貴的東西告訴學員。而且功夫越好的老師，自己在功夫上的投入越多，越把技術看得重要，越不會輕易教給人。

　　與其相互猜測，不如明碼標價。明碼標價的東西其實是最經濟的，無論這個東西多貴，總有價格，學不起可以努力工作賺錢，賺夠了再學。最怕的是不說多少錢又需要你不停投入的老師，跟著這樣的老師學，很可能學不到東西，又浪費了金錢和時間。

　　我曾見過一位著名的詠春拳大師，雖然學費不低，一趟拳 10 萬元，但我個人認為這種形式非常好。

　　我見這位老師的那天，有幾個外國朋友開私人飛機帶翻譯來上私教課。

　　雖然我走的是廣泛傳播路線，但絲毫不影響我對這位老師的尊敬。

　　他對自己的功夫非常自信，「我教給你的東西一定值這個價錢」。他也深信自己所教的東西的價值會超出學生花的錢，不然不會有這麼多人大老遠跑來跟他學習。並且事實上也是，他有很多優秀的學生！

　　老師能給我們什麼？我們能給老師什麼？

　　我希望武術的後學都能想明白這個道理，不要像我一樣走很多彎路。要懂人情世故，不被騙，不在這方面浪費時間。要記得，時間遠遠比金錢重要得多！這可能也是以武入道的一種表現吧。

　　傳統武術想復興不容易，我認為需要幾代人的努力，且至少要完成以下 3 步：

　　（1）建立讓所有人都能懂的技術理論體系；

　　（2）規範訓練流程，使人只要練就一定能出來功夫；

（3）產生優秀人才，年輕人能靠這個賺錢，摸索能讓拳法廣泛傳播的經濟體系。

這一點詠春拳做得很好，值得我們學習。在沒有太多政策干預的前提下，詠春拳傳人完美地做到了以上三點，並把詠春拳傳播到了全世界。

而曾經北拳南傳的內家三拳，卻遠遠沒做到這些!

因此，我寫了一本書──《實用形意拳》，嘗試介紹東方文化下的形意拳與西方文化下的搏擊體系的區別，在理論上講清楚東方武術與西方武術的根本性區別在於發力，發力不同導致兩者的表現形式截然不同。

本書即我的第二本書，則嘗試把內家拳練習過程中的含糊概念，透過幾何結構、力學分析為大家講清楚，以加深讀者對內家拳理論的理解。

傳統武術急需一個翻譯，把拳術中晦澀難懂的東西用現代語言表達出來。就如前文所講，渾圓樁的錯誤站姿，用幾何垂線的原理說明，大家立刻就能聽懂。

每個民族都有尚武精神，我希望能夠透過我們科學的訓練系統，培養出一部分有功夫的人，以實戰效果證明武術的價值。希望經由幾代人的努力，能夠把這個事情做成。

　　武術的基礎原理，與書法的基本要求相同：橫平豎直。如果做不到橫平豎直，就很難談後面的奇正相合。

　　很多武術練習者所練的基礎的東西是錯的，所以不長功夫，更沒有提高的可能。

2.1
太極拳與形意拳的區別與聯繫

要了解太極拳與形意拳的核心區別，

首先要明白，

幾何學中的空隙、

化力中的滑輪、

發力中的鎖死，

到底指什麼。

內家拳有三大拳種：太極拳、形意拳、八卦掌。很多朋友不瞭解它們的區別在哪兒。形意拳、八卦掌由於拳理相似，在董海川、郭雲深兩位前輩的努力下合為一門，所以這裡就把兩者合二為一，以形意拳為主與太極拳進行對比、探討。

形意拳與太極拳有什麼區別？很多朋友對此丈二和尚摸不到頭腦。有人說：形意拳重視發力，太極拳注重柔化。那形意拳柔化著練不也成太極拳了嗎？陳式太極拳二路炮捶也注重發力，為何不叫形意拳？可見，以發力為標準區分形意拳、太極拳是不合理的。

我們從人體的幾何構造上來思考這個問題。如圖11所示，人的身體有 4 個大的空隙：兩肩、兩胯。當我們鬆開肩胯之後，上身軀幹（忽略下肢）如同一個圓柱體，在

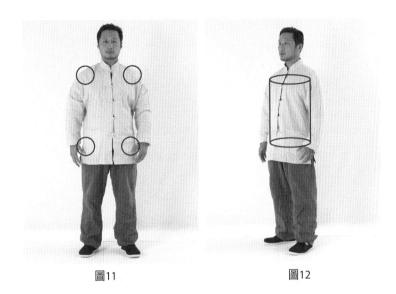

圖11　　　　　　　　圖12

這 4 個空隙中轉動。（圖12）

因此，在練習內家拳的過程中，如果我們不看重四肢的運動，身體這個圓柱體得不到充分旋轉，那就達不到訓練效果。

練內家拳實際上最先要做的一個事情就是內外分家。四肢這些容易活動的部位為外，被肩和胯包圍的軀幹為內。

內家拳，顧名思義，更應該活動內裡。然而大部分練習者練功過程中沒有練到內，而是用容易活動到的手臂、腿腳去練，於是很難碰觸到內家拳的核心。

回到 4 個空隙。當實際推手中，對手試圖破壞我們重心的時候，我們應如何化解呢？這 4 個空隙可以充當滑輪結構，把對手指向我們重心的力量分解掉，引向大地。

所以任何內家拳都要求肩胯要放鬆。

內家拳練的無非是兩個東西：化力、發力！在化力的時候，滑輪越多，就能夠越多地分解對手的力量，也就越省力。

因此，無論什麼形式的內家拳，相對於外家拳來說都是腳盡量少動。兩腳盡量固定在原地，然後搖胯活胯，練習用 4 個滑輪化解力量的能力，其中比較著名的動作就是站樁。

站樁為何能夠提高功夫？因為站樁是在兩腳不動、兩手抬起來固定不動的前提下，身體內部按照特殊方法運動，活開肩胯，練習身體內部。所以前輩們這樣說站樁：「不動之動，謂之真動」（郭雲深前輩），「樁功慢慢以神意運之」（薛顛前輩）。

但是，在發力的時候，力量需要過渡到對手身上，滑輪越少，過渡到對手身上的力量越多，力量損耗越少；滑輪越多反而越起到反效果。因此，這就又引出了站樁中的另一個思維——固定兩胯不讓它移動，抻筋拔骨，同時固定兩肩結構，減少發力時的力量損耗。因此，前輩又這樣說站樁：「動中之靜，謂之真靜」（郭雲深前輩），「寂然不動，感而遂通」（形意拳站樁拳諺）。

因此，形意拳側重發力，站樁初期以不動為主，目的是發力時固定兩胯、兩肩關節，關閉滑輪，以求力量更充分地過渡到對手身上。

然而形意拳也需要化力，太極拳也同樣需要發力。因此，練形意拳到了後期，往往站樁就求鬆求活，用柔練

輾轉身體的方式，打開滑輪，學習太極拳的柔化以方便化解力量；太極拳為了發力更整也需要站樁，以求固定關節形成結構，更高效率地傳導力量，類似形意拳，二者殊途同歸。

因此，無論是選擇太極拳，還是形意拳、八卦掌作為訓練方式，最終都是研究人體關節的打開與鎖死，並沒有本質上的區別。

我們這裡說的關節的打開與鎖死，就是拳譜中所說的開合。以現代語言來表述，大家是不是更容易理解了？

按照我們的訓練系統，內家拳訓練並不分太極拳訓練或者形意拳訓練，而是分靜態訓練（站樁）與動態訓練（行拳）。靜態訓練求合，也就是以關節的鎖死擰轉為主；動態訓練求開，也就是以關節的鬆活為主。

兩者相輔相成才能不斷地提高練習者的功夫水準，一味地進行靜態訓練（站樁），或者只進行動態訓練（行拳），都不利於功夫的進步。

很多練形意拳的朋友特別重視站樁，堅信入門先站三年樁，一輩子只站樁，忽略了拳法訓練的重要性。

不要迷信站樁，原因如下：

（1）站樁研究的是在靜止狀態下，構建人體的支撐力、掤勁，以形成更好的結構；

（2）靜止狀態下產生的穩定結構，在移動時很容易被輕鬆地破壞掉，站樁時候整，動起來就散了。

武術是門對抗的學問。

因此，只站樁是不夠的，需要配合拳法才能在運動中依然保持結構，維持整勁。

所以，無論是太極拳還是形意拳，正規傳承中都有靜功站樁及動功行拳，二者缺一不可。前輩說，練拳是動靜結合。哪怕是非常強調站樁的大成拳都有動功訓練。連大成拳創始人王薌齋先生都認為動功訓練很重要，我們就更不要有「只站樁就能出功夫」的想法了，這都是前輩們摒棄了的練武路線。

只練拳不站樁行不行？我也經常聽到這種問題，個人以為也許能出功夫，但是出不了大功夫。

以上這兩種方式，都是基本功訓練，不是套路練習。練功是把著一兩個動作深入練習，達到出功夫的效果，獲得控制別人重心的能力。具備了這種能力之後再進行套路訓練，套路才會有靈魂。

上來直接練習套路，忽略基本功訓練，表演得再好看，也出不了內家拳的功夫。

2.2
鬆肩活胯與圓柱體

「一羽不能加，蠅蟲不能落」，
用簡單的圓柱體原理就可以解釋。
如果你明白了原理、按照正確方法訓練，
你也做得到「一羽不能加，蠅蟲不能落」。

現代人創造了一個概念叫「開肩開胯」，指的是鍛鍊腿部和肩部的柔韌性，例如橫叉、豎叉，我們要明白的是，它不同於古代的鬆肩活胯。前文說過，人體有 4 個大的空隙，鬆肩活胯是指讓我們把肩胯的空隙打開，以便軀幹這個圓柱體能夠轉動起來。

內家拳鬆肩活胯是為了在對手用力破壞我們重心的時候，即我們在受力的情況下，腰胯依然能夠轉動開，從而化解對手的力量，維持自身重心的穩定。

7 年前我曾經拍過一個影片，讓一個學生從背後推我，這個時候我沒法兒用手截住對方的力量，只能由腰胯的轉動去化解，這是個典型的活胯的示範。大家可以掃右邊的 QR Code 觀看這個影片。

雖然學生水準不高，但從背後推我，他的力量怎麼著都比我的大，這

活胯示範

也反證了前文所說的，渾圓樁平行站立，能扛得住對手前後方向的力量，才算支撐八面；不依靠手臂，純靠腰胯的圓活，也可以化解掉對手的力量。從力學上驗證了，古代人所謂的「立如平準」是可以做到的。只是我能力有限，只能跟水準比我低的學員做個實驗，對於水準跟我差不多或者比我高的人，便不敢如此托大。

很多朋友在不受力的情況下，感覺腰胯鬆活，一受力就僵硬難以變化，這就不是真正的鬆活了。真正的鬆肩活胯一定是在受力的情況下，依然能夠由肩胯運動化解對方的來力。

這一點與前文所解釋的立身中正一樣，自己空練的時候立身中正沒用，在受力後依然能夠維持自身穩定，才叫立身中正。哪怕形體上出現了前俯或後仰，只要能克制住對手的力量，維持住自身重心穩定，也叫立身中正。孫祿堂先生說「三體式極俯極仰之姿勢，不離單重之重心」，說明形意拳中有俯仰，它們都是在達到立身中正這個目的的過程中出現的身法變化。八卦掌所謂「正身正，抽身正，斜身正」，說得也是這個道理。

現代人為何不出功夫了？因為身體直挺挺的，沒有身法的變化了，把拳練成了「僵屍拳」。因此，鬆肩活胯的這個「鬆」不是大家空練套路的時候，肩胯關節的靈活性，而是在對抗受力的情況下，身體不僅能克制對手的力量，維持重心穩定，同時還能化解對手的力量。只有自身能夠緊張，才能抗住對手推來的力量；肩胯放鬆，才能轉動化解對手的力量。鬆緊結合才是真，一味地放鬆並不能

做到這一點。

形意拳前輩薛顛先生拳照（圖13）中的圓柱體身形表現得非常明顯。薛顛先生連接兩肩、兩胯的軀幹部分可以看作一個圓柱體，這個圓柱體可以在兩肩、兩胯的4個縫隙中左右轉動。軀幹能轉動才能更靈活地化解對手的力量。

從正面看，軀幹是一個圓柱體，換個角度，從上往下看，它是一個以兩肩胯連線的長度為直徑、以百會穴為圓心的圓形。當對手的直向力量施加到軀幹這個圓柱體的時候，軀幹很容易由左右轉動把對手的力量引向身體兩側（圖14）。這是我讓人從背後施力，我一樣能站穩的理論憑藉。

大家可以自行搜索太極拳傳人陳發科、洪均生等前輩的拳照，你會發現他們的身軀，無論是練拳過程中還是靜止狀態，圓柱體的身形都非常明顯。

很多人現在很喜歡練習空發力，默認對手

圖13

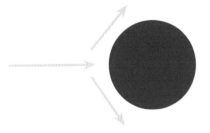

圖14

會一動不動，等著我們發力。而事實上，在對抗的過程中，搭上手後對手會盡可能地破壞我們的重心。如果自己不會化解力量，站不穩，就沒法兒發力。而且就算是你搭手發力，所發之力也很容易被對手在左右或者上下方向，用僅僅兩根手指的力量改變方向。發力這個事情很複雜，大家發的力大部分都是錯的，具體原因我們後面再講。

大家可以試驗一下，在你發力的過程中，讓同伴用兩根手指將你發力的手往兩側引，看看你發的這個力是否會被改變方向。圖 15 演示的就是錯誤的發力。

不具備化力的基礎就整天研究發力，就跟沒有存款卻整天想著怎麼花錢一樣可笑。

很多人在練拳過程中一直站得很穩，將空練時重心穩定作為自己功力好的體現，從來不研究假如重心不穩定了，應該怎麼應對。於是在推手實戰時，遇到自己重心不

圖15

穩定的情況就不會處理。

這是典型的練用不一。真正對抗時，對手一定會想辦法控制你的重心，在佔上風之前，你 99% 的時間都處於不穩定狀態。如何從不穩定狀態快速恢復重心穩定，才是練套路、練功法時需要花最多的時間去解決的問題。

因此，套路的練習過程中，要多讓自己處於不穩定狀態，或者假想對手從你最不穩定的方向進攻，思考你應該怎麼變化身法去應對才能出功夫、才能符合拳理。如同我站好渾圓樁後讓對手從背後推我、從正前方推我來解決自己最不穩定的角度一樣。

很多人對立身中正有誤解，站樁、練拳怎麼穩定怎麼來，也因此，他們練站樁最愛問的問題是：我站樁時重心應該放在哪裡？腳後跟還是腳全掌？

都不對。重心固定在一個點，那就是在站死樁。對手稍微一碰就能摸到你的重心，稍一用力你就會站立不穩，因為沒根。

太極拳老譜怎麼講？褶勁暗換！無論站樁還是練拳，都是微動的過程，重心從左右而言，是在兩腳之間流動；從前後而言，是一直在前腳掌到後腳跟之間變化，目的都是不讓對手摸到固定的位置。

大家提出的問題體現了大家目前的高度，想要搞清楚重心在哪兒的朋友，大部分都沒有理解什麼是內家拳的鬆沉圓活。立如平準、活似車輪明顯講的是腰胯像車輪一樣靈活，能像陀螺一樣轉動，從而化解外力，維持重心的穩定。

陀螺是典型的不穩定中的穩定。這才是真正的練功心法，那些玄的、虛的東西沒什麼用。

如何做到活似車輪？這就要用到我們這章講的圓柱體理論了。

為何我們在練太極拳套路的時候，大部分時間是雙腳站著不動，身體左右轉動？目的就是模擬受力後重心不穩定的情況下，由軀幹圓柱體左右旋轉，把對手的力量化向兩側，培養處理重心不穩定的能力。在我們的實用形意拳教學體系中，以定步的鑽拳訓練這種能力。在太極拳教學體系中，老前輩以定步活肩胯訓練這種能力。

大家是不是通常站樁之後直接進行動步的練習，缺少了兩腳不動，身體左右擰轉，練習軀幹圓柱體轉動的這個過程？

我的學員也經常問我：為何你不讓我們練動步，而讓我們花大量的時間練習定步？

要建立圓柱體結構就是原因！朝著正確的方向努力才能達到目標。上來就直接練動步，身體永遠形不成圓柱體結構。空練的時候自己感覺鬆沉圓活，但一受力就站不穩。然而這只是初級概念。

圓柱體有一個先天的劣勢──縱切面太大。如果對手用雙手推我們的身體，圓柱體縱切面很容易承受對手的勁力，導致我們站立不穩。

因此，在訓練初期先要練出來圓柱體結構，然後再深入練習。

⌗ 2.3
中軸線的概念

中軸線是容易受威脅的，
如果你只保護從鼻尖到肚臍這一條線，
那麼圓柱體側面其他角度都將是薄弱的，
如果搭手，你肯定站不穩。
太極拳的「引進落空」，
形意拳的「守中用中」都與此有關。

中軸線是我們在練拳過程中經常提到的概念，但大部分人對它存在錯誤的理解，認為它就是從鼻尖到肚臍這條線，實際上它是軀幹這個「圓柱體」的中心線。

誠然，人體的重要器官都經過這條中軸線，但是如果我們以圓柱體理論來看的話，如圖 16，假如我們圓柱體的中心線（即人體中軸線）是黃色直線，來自外界的力為紅色箭頭，則從任何角度而來的指向圓柱體中心線的力量都會讓圓柱體不穩。

因為就圓柱體來說，從俯視角度，有 360 個方向能夠指向圓柱體中心線，威脅圓柱體的重心。這還只是考慮二維俯視的效果，如果考慮到三維空間，則會有更多的角度可以威脅圓柱體重心。

因此，內家拳的守中用中，並不是守住鼻尖到肚臍

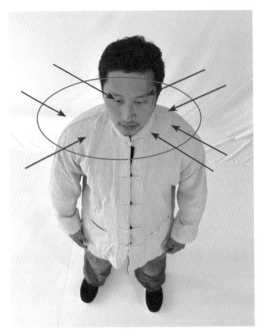

圖16

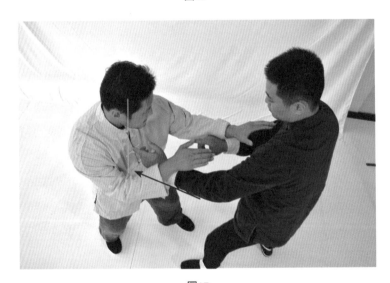

圖17

這條中線。推手的時候，哪怕我們用笨力氣硬頂，對手都很難由向我們鼻尖方向發力而威脅我們的重心，因為正常人都會撥開對手的手臂。而如果對手越過我們的手臂，從其他角度向我們的圓柱體中心線發力，卻很少有人感知得到。

如圖17，當對手的力量指向我們圓柱體的中心線時，如果我們沒有轉動圓柱體的基本功，對手繼續施加力量，就會讓我們站立不穩。

大家可以用圓柱體的水杯做實驗，用手指從各個方向輕輕推它，模仿軀幹圓柱體受力後的不穩定狀態，只要來力指向中心線，水杯很容易就會倒。

如何具備中軸線這個意識呢？

首先透過正確的定步基本功，如我們教學體系中的鑽拳、活肩胯，做到中軸線固定不動，然後轉動身體，從意識上修行轉動中軸線化解力量的能力。如果沒有中軸線意識，上來就進行動步的訓練，便掌握不住這個本領，更不會意識到這個東西的存在。

而如果省略了定步這個過程，就相當於一年級的學生，跳過了二年級直接學習三年級的課程，能學習好才怪了。

一旦對手向我們的中軸線發力，我們的軀幹圓柱體立刻旋轉變化，把對手的力量引向外側。如此一來，對手不僅威脅不到我們，而且中門大開，我們邁步上前就可以把他撞擊出去（圖18）。

這種藉由自身旋轉把對手力量引偏，進而撞擊對手

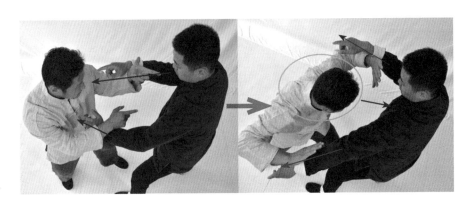

圖18

的方法，就是太極拳中所謂的「引進落空」、形意拳中所謂的「守中用中」。

這個「中」，就是中軸線。

漢字「中」的字形，非常明顯地說明了「中」的意義。

一個方框，中間一條線。尚雲祥一脈的傳人徐浩峰先生在其著作中說，找「中」叫從頭做人。在找這個「中」的過程中，大部分人的中軸線不會動，一動中軸線就歪斜，姿勢很容易變形。

聊到這裡，很多朋友會反駁：我平時注意腰胯的旋轉了，但是一樣做不到你所說的中軸線穩定，一搭手就被動。

相信我，這只是你以為你的腰胯旋轉了。旋轉的法度不對，一樣守不住自己的中軸線。在練習過程中，假如你有以下兩種情況，就很難守住自己的中軸線。

1. 轉腰角度太小

大部分人以為的轉腰，是肩的運動大於胯的轉動，如圖 19。雖然你感覺自己轉腰了，但實際上肩膀轉動的角度大於胯動的角度，腰轉動的角度並不大。長期這樣練習就會養成上快下慢、上重下輕的習慣，勁永遠沉不到腳底，一輩子沒根，不能受力。

2. 轉腰角度過大

轉腰角度過大，容易丟勁。對手給我們的力並不是一成不變的，如果我們轉腰角度過大，會在其他角度產生漏洞，容易被對手抓住。

大部分人轉腰了卻依然解不開對手的勁力，一般都是這兩種原因。很多朋友可能發現不了這個問題。

我們可以用一個簡單的方式，跟小夥伴配合操作以理解這個原理。

我們先以形意拳為例。你正常練習劈拳或者其他五行拳的套路，讓小夥伴一個手掌頂住你的中軸線，不要離開你的身體且持續用力。當你按照平時練習五行拳的動作行拳時，你會發現，只要你一運動，小夥伴一個手掌的力量就很容易讓你站立不

圖19

圖20

穩，導致後續的動作根本無法進行。如圖 20。

　　近代的形意拳練習者陷入了一個非常尷尬的境地，口口聲聲說形意拳實戰效果好，然而一實戰就不行，這是因為很多人按照外家拳的練法，推胳膊震腳地練習梢節，沒有練身法的折疊往復，所以根節一受力就站立不穩。

　　雖說形意拳功夫提高得快，但是大家這樣練習，出功夫還沒有太極拳快。哪怕部分太極拳練習者練得不太得法，上身轉動快於下身，但至少人家轉動了，腰部得到了訓練。而大部分這樣練習形意拳的人，腰胯轉動得很少，練不出發力。

　　其實震腳、推手是最基礎的練法，震腳有利於我們感受體重在兩腳之間的變化。震腳的過程實際就是體重速墜的過程，由蹬地、轉腰、順肩，把體重的力量輸送到前

方。

　　注意我用的詞是「順肩」，而不是推手。震腳的時候體重的力量是自上而下的，順肩能夠讓力量流通到手，而推手是梢節用力，只會使力量停頓，讓體重的力量消耗在肩膀上。

　　經常震腳發力，就相當於一直上一年級。不震腳依然能夠發力，才相當於上了二年級，水準得到了提高。

　　這個實驗帶給大家的啟示是，檢驗有沒有功夫其實不需要搭手。當小夥伴摁住我們的中軸線，稍微施加一點沒有變化的力量，都會讓我們站立不穩時，有沒有功夫就一目了然了。

　　形意拳、八卦掌都是好拳，然而其技術的丟失，遠遠多於太極拳。很多朋友可能心裡不太服氣，那我們就來做第2個實驗：身體打拳檢測法。

　　兩手抱在胸前，固定不動，嘗試用腰胯的旋轉練習五行拳或者太極拳套路。通常人們都是腰胯轉動得少，手臂運動得多，抱住手臂的情況下，很容易就會發現自己腰胯轉動角度很小，幾乎不會練了。

　　手臂不動時就不會練拳的狀態很危險。

　　小幅度的轉腰別說發力了，就連別人給的阻力都克服不了。離開了手臂的運動，大家才能發現自己腰胯勁力到底是否薄弱。

　　大部分人平時的訓練只練了手臂的爆發，歸根結底練的還是局部力，這種腰胯很少參與動作的訓練方式，是打不出內家拳所要求的整勁的。

　　內家拳都講鬆腰活胯，如果抱住了胳膊腰胯就不會動，或者腰胯轉動幅度很小，還怎麼說是鬆腰活胯呢？特別是形意拳，它本身沒有多少招數，是一個重視腰胯運動的拳種，因為忽略了鬆腰活胯，現在硬生生被錯誤理解、錯誤傳授成了震腳推胳膊的手臂拳。

　　如何改過來？也很簡單，就是按照正確的方式站樁、練拳，不要上來就練動步的五行拳，而要先把定步的五行拳練好。動步非常高深，有其獨特的作用，並不是大家以為的只是一個套路。

　　所以古傳的形意拳，在站樁之後接的是定式五行拳的練習，目的是幫助大家養成軀幹圓柱體轉動的習慣，養成習慣後再開步。現代人練拳時完全打散了訓練順序，不會走就想跑，真的是太急了，這也導致越努力基礎越差，越難出功夫。而且最大的問題是，大家意識不到這是一個錯誤的訓練流程，如果不改變這個觀念，形意拳只會越來越沒落。

　　然後咱們說太極拳，很多練習太極拳的朋友也存在這個問題。像前面一樣，你按照日常練功套路行拳，讓小夥伴用手掌頂著你的中軸線持續用力，你會發現你壓根兒站都站不穩，更別談繼續練習了。大部分現代人練太極拳，都是在練胳膊腿，軀幹根節受力時根本無法應對。

　　導致這個問題的主要原因是，練拳的時候步子太大，導致腰胯轉不動。我們可以做一個實驗。兩腳開立，與肩同寬，轉動腰胯，會發現腰胯轉動角度是 $30°$ ～ $45°$（圖21），柔韌性好的朋友可以轉到 $60°$。然而我們放大

步伐，以大家常見的大步子站姿轉動腰胯，會發現腰胯轉動角度明顯變小，可能只有 15° 左右（圖22）。如果繼續放大步伐，以接近劈叉的站姿轉動腰部，會發現我們的腰胯連 5° 都轉不了。

　　由此看來，很多朋友初練太極拳的時候就追求低架子練功是不對的。陳鑫在《陳鑫陳氏太極拳圖說》中寫過：「襠不圓，就是三尺步子，襠依然不圓。」那個時候老前輩就說了，襠圓胯活，跟步子大小沒有關係。

　　什麼是真正的活胯？如活胯示範影片，我被人從背後推，無法藉助手臂的力量，只能由腰胯的轉動化解開對手的力量，這種純依靠腰胯轉動化解力量的運動方式，才能被稱作活胯。

　　因此，無論步子大還是小，以胯能夠靈活轉動為目

圖21

圖22

的，能用胯化解對手的力量才是正確的活胯。

初學者應小步子練功，以方便胯靈活轉動，在這個前提下，逐漸放大步伐。如果步伐放大後感到胯又難以轉動了，仍應繼續按現有步伐大小練功，等到腰胯適應這個步伐，變得靈活後，再進一步放大步伐。如此這般，最終達到內家拳老前輩們貼著地皮練拳依然腰胯靈活的水平，到那時，功夫就出來了。

剛開始練功就採取大步伐，選擇難度最大的練功方法，等同於自廢腰胯。如同力量訓練過程中，沒有基礎的人一上來就以自己體重1.5倍的重量做臥推，只會受傷，永遠不可能獲得提高。

還有我們前文所講的上重下輕的問題。步子大了，腰胯轉不動，很容易就會用肩膀等上身的轉動動作代替腰胯轉動，完成套路動作，導致肩膀轉動角度大於腰胯的轉動角度。

肩膀快而兩胯慢，久而久之就會形成上重下輕的問題。一運動就上面先動，下面不變化，也就做不到上輕下重、氣沉丹田。

例如，讓人從背後推我的時候，我上身放鬆感受對方勁力，藉由下身的變化化解對方的力量，這叫作上輕下重。這種上輕下重不是自己的感覺，而是現實，是在受力情況下依然可以靈活地變化重心。

內家拳的練習者太喜歡找感覺。如果自己的感覺準確的話，我們是不是都不需要老師，自己就能進步了？明顯不是！很多感覺都是錯覺，因為大部分人練習的動作基

礎都不對，訓練流程也不對。在錯誤動作的前提下獲得的感覺，當然是錯覺，除了誤導我們，讓我們產生虛無的舒適感，對於提高功夫、提高身體素質，沒有任何幫助。

由於步伐太大，腰胯難以運動，而用上肢轉動的練功方法，叫作橫氣填胸。上半身重心都集中在胸膛，無法從腰胯過渡、下沉，離內家拳的要求越來越遠。

練習太極拳時步伐過大還會導致膝蓋疼痛。在膝蓋周圍的肌肉、韌帶還沒有得到應有的鍛鍊之前，盲目地加大步伐，相當於給膝蓋施加了超出其肌肉、韌帶組織承受能力的力量，不僅起不到循序漸進的健身作用，反而會造成運動傷害。

老前輩經過幾十年的努力，才練出胯開三尺的功夫。我們乍一練拳就用大步伐這種方式，就好比不會走路就開始跑步，很容易摔得鼻青臉腫。

如何改正這個毛病？也很簡單，那就是透過正確的訓練流程進行練習。

大家千萬不要把這句話當成空話，作為老師，站在教學的角度上，我們要強調：

（1）方向正確永遠是最重要的事情！

（2）訓練流程是第二重要的事情，一定不要把五年級的東西放在一年級學習。

站在學員的角度上，大家想進步的話，要做到以下兩點。

（1）意識到不足是最重要的事情，要有空杯心態，

經常自我反思、自我拷問，而不是沉溺於自我的滿足中。孔夫子說「吾日三省吾身」，大家也要多反思。

（2）要善於思考。能不能聽得進去不同意見、有沒有能力推翻自己之前的認知，這其中有大智慧、大勇氣。練武術成才的過程就是不斷地發現自己的不足，將自己的認知推翻重建的過程！

拋棄之前的自我滿足感很難，但放下包袱才能進步。武術本來就是少數人能獲得成功的東西，有很強大的心理素質、清晰的自我判斷才能進步。

基本功練對了，再修煉套路才會有靈魂。如果基本功都練不對就去練習套路，無異於異想天開。

並且，不要隨便相信別人的話，特別是少跟與自己水準差不多的人討論。你自己或者與你水準差不多的人，很難發現你的問題。你要是能發現自己的問題，功夫早就提高了。比你功夫高幾個等級的人，才能看出你現階段的問題。

因此，形意拳巨擘尚雲祥先生，人在家中坐，客從八方來。很多人見他不是為了比武，就是求一句話，因為這一句話能幫他們迅速認清自己的處境，找出解決問題的辦法。

2.4
用受力檢驗腰胯功夫

內家拳，

受力是檢驗功夫的唯一標準。

所有自我的感覺，對於功夫沒有任何幫助，

受力以後的感覺才是真的。

　　根據前文的實驗，我們的功夫是李逵還是李鬼，只有在受力的情況下才能檢驗出來。很多人會說，我就是練練拳健身，不奢求練出功夫來。練不對動作，只活動四肢，從內家拳的角度來看，是達不到健身效果的。您去選擇其他健身方式，或者外家拳，可能都比錯誤地練習內家拳健身效果強。練內家拳的邏輯體系是極其精密的，一步錯步步錯。

　　目前武林中存在一個很尷尬的情況，那就是其他流派太極拳的訓練效果可能優於原始的陳式太極拳。例如楊式太極拳的攬雀尾，掤捋擠按動作相對簡單，手臂的纏繞相對較少，練習者能花更多精力關注腰胯的轉動。反而是最原始的陳式太極拳，由於要點比較多，技術精細，雖然威力大，但初學者不容易按照這些要點訓練，不太容易出功夫。

　　這並不是我在批評某個拳種，這些拳我都練過，我

自己也是從什麼功夫都沒有，一步步摸索過來的。市面上流行的一些拳法確實各有各的問題。當然，純正的門內各種太極拳、形意拳不在此列。我們一定要對真傳抱有敬畏之心，那都是千百年來前輩們細心總結的技法，非常重要。

比如「受力」的檢驗過程，體現了太極拳中的「立如平準，活似車輪」，指的是別人給我們施加力量的時候，我們可以像陀螺一樣化解對方的力量。

在本章第二節「鬆肩活胯與圓柱體」中，我們釐清了現代人造作的「開肩開胯」概念並非古人講的「活肩活胯」，在這裡，我們用受力檢驗法可以明顯發現，「開肩開胯」這個概念，讓我們遠離了對功夫的真正理解，忽略了對抗中受力後肩胯的變化，追求的方向偏離了內家拳的方向。

其中的一些練功法，我們從幾何原理上分析，很容易就能發現其中的邏輯漏洞。而且，這些練功法在遇到敵人的力量之後並沒有特別大的作用，達不到練功夫的效果。

例如「開肩」，是用甩胳膊的方式做圓周運動（圖23）。這個動作的確可以讓肩關節靈活程度提高，對健康有一定好處。但這樣的「開肩」，是以肩膀為圓心、手臂為半徑的圓周運動。

這種圓周運動的最大問題是，一旦遇到對手的阻隔，運動就會停止（如圖24所示，圓周運動，遇到障礙就會卡住），只能換下一個動作繼續打擊。也就是說，這個

圖23

動作遇到阻力就無用了。

　　遇到阻力動作就結束，不能克服對手給的阻力，只能換下一個動作，這不是受力後仍有對抗能力的「活肩」（圖25）。

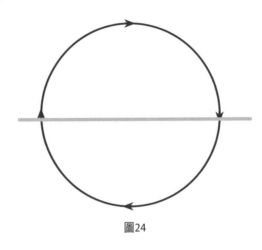

圖24

圖25

　　舉一個極端的例子。我多年前拍過一個影片，影片裡，我站在一個半圓形的波速球上與對手進行對抗，為了保持平衡，我的胯、腿不敢做太多的動作，因為腿一旦亂動，我立刻就站不穩了，所以我只能依靠肩膀的鬆活化解對手力量，同時破壞其重心。

　　當然，在這個影片中，對手水準不如我，並且只能透過手臂的接觸影響我的重心，倘若對手整個人直接撲上來，我肯定站立不穩。

　　然而，即使對方的力量很小，這個過程中我也不能有一點點的頂力，因為哪怕只有一點點的頂力，都會讓波速球上本身就不穩定的我站立不穩，從上面摔下來。這種極端的示範，表現的是活肩的作用。

　　這是一個比較典型的活肩的示範。活肩並不是讓我們的關節變得多麼靈活，真正的活肩指的是我們在承受對方力量的時候，由四肢支撐對方力量，由軀幹圓柱體轉動化解對方力量。在這種狀態下，肩膀的空隙是活的，而不是一受力就僵死。

　　最好的活肩活胯方法絕對不是現代人編的這些方法，而是按照各種拳法的步驟按部就班地學習，例如站樁、行拳。

　　古人用心摸索創編很多方法，用了很多年時間，才形成的形意拳、太極拳、八卦掌的訓練方式，我們不能輕易地拋棄。現代人老覺得自己發明的功法比前輩的好，但是當我們講清楚其中的邏輯，大家會發現大部分現代人發明的功法都是錯的。

　　一個完整的理論體系，不僅僅要具備可操作性，同時也要邏輯嚴謹，能夠證偽，能夠指明如果不按照這個理論體系訓練會導致什麼樣的結果。我們目前為大家分享的內容，都遵從這個邏輯。

　　功夫本身是反先天的東西，自己練得越彆扭，反而越可能正確。如形意拳的站樁，號稱「站彆扭」。李存義先生曾經這樣說站樁：一日不順，次日再站；一月不順，次月再站；一年不順，下年再站。

　　為啥會感覺到不順？

　　從應用的角度來說，與對手推手較技，對手一定會想盡辦法讓你難受。因此，我們練功的目的就是模擬難受的狀態，讓自己習慣這種狀態。因此，站樁不順、難受才是對的。

　　李存義先生非常肯定這種不順，肯定了在這種不順的感覺的前提下下功夫的行為，並且告誡練習者，要經過 1 個月甚至 1 年的時間把它練順。

　　現代人所理解的「開胯」功法，是簡單地左右抖抖胯，試圖讓胯的運動範圍更大些。雖然用這種抖胯的方式去發力確實比以前純胳膊運動所發的力要大一點，但是它與內家拳的「活胯」不是一個概念。

　　很多朋友在抖胯發力的時候，身體右轉、胯右轉，同時膝蓋也右轉（圖26），這就相當於胯的角度沒有變化。什麼才是活胯？大腿骨固定不動，盆骨左右旋轉，哪怕這個旋轉角度很小，就 1°，也是真正的活胯。

　　但是，大家現在練的動作是什麼？

圖26

以楊式太極拳的攬雀尾為例，在我們身體左轉的時候，胯左轉、膝蓋也左轉，這就相當於盆骨跟著大腿骨一起左轉，胯的活動角度就很小。而如果膝蓋不動，大家再試試向左轉胯，會不會感覺到很困難？但這種轉胯才是真正的活胯。

抖胯發力，胯動時膝蓋也動，胯的轉動角度就很小，最多 15°，達不到活胯的目的。活胯至少要在膝蓋不動的前提下，胯能轉 45° ~ 60°，這時候轉腰發力，力量比抖胯要大得多。

很多前輩都形容練太極拳時胯是萬向輪，可以在受力時，運用左右、上下、前後的變化去化解對手的力量。就如我讓對手從背後推我的影片所示，沒有長期胯部大幅度轉動的訓練，怎麼可能出來這種效果？

但僅僅轉動到位是不夠的，武術中還有很多拗步的功法，如形意拳的龍形、八卦掌的轉掌，讓大家擰轉到一個非常彆扭的角度，以繼續加大腰胯的旋轉角度。但是現代人練功，胯部轉動的角度連 45° 都到不了。大家可以按照我說的方法，抱住兩臂用腰胯打拳，試一試自己胯部到底能轉動多少度。

過去武林中所謂的抖彈發力，並不是大家以為的胯快速抖動轉 5°～15°，而是指我們的胯能夠轉動 45°～60°，遇到敵人的阻力後，在對方的阻力下，被動地把原本能轉動 45°～60° 的角度壓縮到了 5°～15°。

從外形上看，好像是我們抖了一下對手就被擊飛了。其實位移的幅度還是很大的，只有這樣的抖彈力才是有用的。

「大道甚夷而民好徑」「道不遠人，人自遠道」，古人誠不欺我。老前輩們留下了很好的練功方法，但現代人總是想走捷徑，結果走了不正確的道路。

最可怕的還不是錯誤的訓練方法，而是現代人已經沒有了對內家拳基礎理論的學習，壓根兒不會去懷疑自己的練功方法是不是方向錯了，白白耽誤大好時光。

《逝去的武林》這本書特別好，能夠反映我們尚雲祥一脈的練功故事。書裡面說了很多經典的內家拳理論，但是很多朋友都沒有理解它。書中說形意拳不能只用拳頭打拳，而要把軀幹、腳都得用上，實際就是讓大家放棄梢節的運動，加大腰胯轉動。讓發力脫離雙手，才是真正的出功夫。因此尚雲祥說，功夫上了後背，才是真正的出功

夫了。

　　古傳的三大內家拳的訓練方式都得到了驗證。三大內家拳湧現出了很多人才，可以佐證其功法的正確性。

　　在我們學習任何功法前，都需要注意老師的教學思維，判斷一下教這個方法的老師是不是透過教你的這種方法練出功夫的。

　　我在很多場合都很明確地表示，我是在懂了內家拳的幾何原理後出的功夫。當然，很多老師辛勤地教過我，但是在我遇到那個契機之前，功夫進展很慢。沒有那個契機，我就達不到現在對拳的理解程度。

　　我所教的體系是我親自試驗過的，並且練出了功夫，也教出來了一些朋友。如果教你某種功法的老師，他自己的功夫是經由一點一點傳統拳法的基本功、套路練習出來的，但是到了教授學員的時候，採取的是自己發現的新方法，那你就要三思了。

2.5
人體中的點

　　王薌齋前輩說：周身無點不彈簧。點的概念能幫我們更好地理解拳法。

　　人身體上每個參與練拳的部位，都可以視為一個點，例如手腕、手、肩膀、丹田、胯、膝蓋、腳腕。如圖27 楊澄甫前輩的拳照中圈出的位置。

　　如果再細化到手指，我們的手指前段、中間關節、根節關節，都可以視為一個個點。這些點動態地串聯起來，構成人體的拳法運動，每個點都要像彈簧一樣具備掤勁。

　　為何內家拳都要手臂彎曲，而不是伸直？因為只有彎曲才能形成結構，才能形成掤勁。

　　現代練武的朋友大部分都只練梢節，他們會問這樣的問題：

　　推手的時候，感覺自己老是丟

圖27

勁，我的手臂怎麼做才能黏住對方？形意拳三體式手指是不是應該頂勁？應該伸直還是彎曲？

這些朋友的問題無一不是針對梢節。人的身體上有很多點，如果你只是針對手腕、手肘這些點去研究，相當於撿了芝麻丟了西瓜。膀、胯、胸、腰這些更重要的點，更值得我們關注。

由此延伸，我們需要瞭解一個概念，練拳練拳，練的只是拳嗎？

為何內家拳手臂普遍彎曲，反而力大？這裡我們由點的概念引申探討三角形的概念。

以手臂舉例，手臂中手腕、手肘、肩膀三個點形成了一個三角形。

大家平時練拳只注意自己手腕梢節，很少注意到手腕、手肘、肩膀其實是一個整體。只有三個點維持了三角形（圖28），特別是注意肘、肩膀這兩個點穩固，才能完成三角形中三個點的結構搭建，做到掤勁不丟。

雖然幾何構造上的原理是這樣，但實際的操作過程很複雜。因此，古人創造

圖28

一種靜態訓練的方式──站樁，培養搭建這種結構的能力。

這也是我們說不站樁可能會出功夫，但是出不來大功夫的原因。這種每個點與其本身能朝不同方向運動，然後相鄰兩點成線、三點成三角的節節貫穿地完成結構塑造的功夫，除了站樁，很難想像用其他的方式也能做到。

然而這不過是手臂上的點，身體其他點的重要性，遠遠大於手臂上的點。尚雲祥先生說過，身體要如同蟒蛇一樣。太極拳講周身纏絲，形意拳講擰裹鑽翻，八卦掌講拱撑如掏繩。身體的每一個點，都要能夠螺旋運動合成一個整體。練功只練手臂，腰胯沒有達到一定的轉動幅度，很難說是練對了。很多人會覺得自己的身體參與練功了，但這可能並不是正確的參與。《太極拳論》說：「主宰於腰，行於四肢，達於手指。」正確的運動方式是以腰為動力源泉，腰先運動，帶動其他點運動。

練功方式正確時，身體各部位應該如同精密的機械一樣，環環相扣、環環咬合。大家可以想像身體是由很多個咬合的齒輪構成的，腰部的齒輪轉動，傳導力量到四肢。四肢是被動地運動，腰不動，四肢都不能運動。

按照這個思維，大家反思一下自己的練功過程，是不是腰不動但手臂的各個點都在運動？是不是手臂每個點的運動都快於腰的運動？如果是，就代表著大家的四肢跟腰胯沒關係。不符合拳譜的要求，自然練不出來功夫。

因此，我們練的不是拳，而是整個身體。以形意拳為例，劈拳可以用手，那用肩膀能練嗎？用肘能練嗎？膝

蓋有沒有劈人的勁？胯有沒有劈砸的勁？

以太極拳為例，纏絲只是手嗎？如果膀胯沒有纏絲，大臂、小臂、大腿、小腿沒有纏絲，能練出身法嗎？

《陳鑫陳氏太極拳圖說》一書中，專門用圖示說明了纏絲勁必須從腳到腰到手（圖29）。如果我們只是練習手部的纏絲，肯定不符合古代拳法的要求。

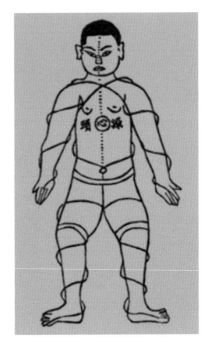

圖29

山東有個特別好的拳法，叫武松脫銬拳。據傳起源於武松，武松被銬住後，雙拳難以利用，只能用身體的其他部位如膀、胯、肘、背等克敵制勝，該拳之身法可謂典範。如果只練了胳膊，沒有練其他部位，遇到武松的這種情況可能就無法應對了。

在內家拳中，肩胯可以跟手一樣聽勁、化勁、截勁。我們不停地強調要練腰，也就是練身體的根節。不活開肩胯怎麼打套路都是無用的，身法的重要性遠遠大於手法的重要性。

這就跟上了五年級，很輕鬆地就可以解決一年級的問題一樣。身體參與到練功裡來，只要身體能夠化解對手

的力量，手就能夠很輕鬆地化解對手的力量。所以洪均生先生曾經這樣說：「腰胯是大人，手是小孩兒，要大人牽著小孩兒走。」練拳若練不到身法，功夫的進步就會很緩慢。

很多優秀的拳法現在也陷入了只動胳膊的境地，例如通背拳。很多人練習通背拳，喜歡以肩膀為半徑做圓周運動，以手臂擊打力度作為功力大小的衡量標準。

通背通背，顧名思義，發力要從背上起。通背拳練的是由手臂掄圓，逐漸變成身體畫圓。讓背、脊柱畫圓，產生立圓的力量，取代手臂的掄劈。因此，隨著功夫的進步，手臂動作越來越小，身法動作越來越大，最終成了練習根節的內家拳。

這樣一來，手臂只負責接觸對手，身體的圓形才是克服阻力、開手繼續向前擊打的核心。當然，為了表演效果，肯定是掄圓了拍打好看。但是若有人抵擋我們進攻，手臂的圓形遇到阻力就沒用了。而如果我們劈打的同時含胸折背，身體形成一個圓形，手臂也形成一個圓形，兩個圓形滾動前進，對方的阻力就很容易被克服。對方格擋也沒用，依然會被打開防禦間架（圖30，脊柱縱圓，手臂同時縱圓，才能將對手的阻力克服），這是正確的通背拳的練法、打法。

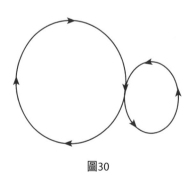

圖30

大家不要小看這個圖

形，王薌齋先生的持環得中，形意拳中的擰裹鑽翻，太極拳中的螺旋纏絲都在其中。但是圖30只是一個理想狀態，人體無法做到兩個整體圓形。如果我們再深挖一下其中的真諦，只取人的身體能做到的一部分，就會形成陰陽魚中的那條 S 形的線。

形意拳巨擘尚雲祥先生曾經是李蓮英的保鏢。慈禧太后引進火車的時候，他在旁邊看到後驚訝地說：這個東西這麼像形意拳呢？這一句話就道明了內家拳的真諦。無論太極拳、形意拳，還是八卦掌，都是內部身體圓形與外部手臂圓形的合作，如同火車的車輪。如圖 31。

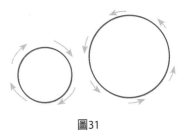

圖31

如果只是掄圓了胳膊去打對方，相當於只有手臂的一個圓形，缺乏脊背的圓形。我們可以看看早期的武術家，例如山東煙台的李國澄先生，他的通背拳就是運用身法的吞吐帶動手臂快速擊打，非常有味道，大家可以自行搜索其影片研究。

我曾經練習過沙國政一派的形意拳、通背拳，也傳承了耿誠信、尚雲祥一派的形意拳，尚雲祥先生跟「臂聖」張策是把兄弟。通背拳的功夫很好，有助於我們理解形意拳。

⊞ 2.6
點的同向運動與反向運動

什麼是合？

是全身所有的點都向一個方向用力嗎？

如果這樣認為，那就大錯特錯了，

對方一拉您就會摔倒。

您有沒有考慮過，

合會不會是螺絲與螺母那樣的反向運動，

而不是我們以為的同向運動。

　　藉助圓柱體理論，我們弄清楚了轉動的問題；藉助
點與三角形的理論，我們明白了掤勁的問題。內家拳練習
的無非是化力與發力。有了點與三角形，掤勁很快就會具
備；有了圓柱體構造，在掤住的前提下化解力量的能力也
很快就會具備。

　　接下來我們聊聊發力。很多朋友都以為練拳發力
時，手腕、手肘、肩膀這 3 個點要同向運動才能構成合
力，發出最大力量，並美其名曰「節節貫穿」，實際上這
是不對的。在內家拳中，同向運動無法打出最大的力量，
反而容易被敵所乘。

　　以形意拳的三體式為例，錯誤的三體式是手腕前
伸、手肘前伸、肩膀前伸（圖32，錯誤的三體式只有前後

圖32

圖33

勁，沒有左右勁）。當對方推我的時候，我也許能夠支撐
住對方的力量。但是如果對方用一隻手將我的胳膊一拉，
這個三體式就散了（圖33），我完全應付不了對方拉我的
力量。

　　很多人錯誤地理解了拳譜，以為拳譜上要求「手外
頂有推山之功」是指手腕、手肘、肩膀都向外抻，甚至要
抻出手腕、肘、肩膀的窩，還美其名曰「抻出三星來」。
「抻出三星來」這個說法是有的，但絕對不是三節同向向
外抻出來的。

　　長期按照這種思維去訓練，手臂上所有的點都是向
外用力的，那麼在推手或者散手練習時，對方輕輕餵我們
一個勁，我們就會立刻向外使勁，對方可以利用我們向外
用力的下意識的反應，向後拉開我們的防禦間架，實施打
擊（圖34對方假意向前問勁，借用我方外頂力量拉開間

圖34

架，打擊我方）。這種行為在王薌齋先生的理論中叫作「力出尖」，這種練法太容易被人拉開間架了。

真正的三體式要求手外頂的時候，肘下沉橫擰，肩膀下沉，這明顯是衝著 3 個方向用力。手外頂是前後方向用力，肘下沉橫擰是左右方向用力，肩膀下沉是上下方向用力。3 個不同方向的力形成咬合狀態，如同螺絲與螺母擰合一樣，形成上肢的穩定狀態。

很難想像基礎的站樁的用力方向都不對能練出真正的功夫。底層根基是散的，上面建得再好也容易坍塌。例如，按照上述手腕、手肘、肩膀 3 點向外用力的方法站樁，養成習慣後打劈拳，肯定都是 3 個點向外推。

我們向前發力，對方抵抗的力肯定也是向前的，這兩個勁立刻頂住，搭上手一點兒勁都發不出來，而且反作用力會作用到自己的重心，讓自己站立不穩（圖35）。

圖35

　　練形意拳的朋友們可以思考一下，或者找小夥伴試一下，看你們的練法是不是這樣。空練的時候感覺很好，一受力就廢，是因為方法不對。

　　也有很多朋友認為，太極拳的關節抻拔是向外用力。這說法也是錯誤的。現代人練習太極拳容易犯兩個錯誤：一是太鬆，鬆懈，對手一壓迫就影響重心；二是太頂，所有用力都向外撐，生怕對手壓迫進來。結果就是，對手按照前文所述那樣一拉，自己架子就散了。

　　內家拳都講究陰陽，手臂上的三個點同向運動，恰恰是沒有分開陰陽的。什麼是分陰陽？自然是有向前的就有向後的，有向上的就有向下的，有向左的就有向右的，方向不同才能形成結構的咬合。

　　形意拳講勁力周全。以手臂為例，形成結構與掤勁，至少要具備3個方向的力量，才是勁力周全：

　　（1）對方向前後方向推拉我們的胳膊，我們能扛得住，不變形，這是具備了前後方向的力量；

　　（2）對方橫撥我們的胳膊，我們能夠扛得住，不輕易變形，這是具備了左右方向的力量；

　　（3）對方下壓、上抬我們的胳膊，我們能扛得住，這是具備了上下方向的力量。

　　太極拳注重支撐八面。然而很多人練太極拳，單鞭這個動作擺好後，別人在前後方向上用兩個手指一鈎，架勢就散了。左右、上下方向更是如此，用兩根手指頭輕輕一撥，動作就會變形。大家可以根據本書的原理試一試，

檢測一下。

我們刻意為之的定式尚且如此,更何況是動態當中呢?是不是更容易一動就散?

這也是內家拳重視站樁的緣故。套路動作是在樁功基礎上形成的,如果樁功都不具備六面力,動起來的套路自然是漏洞百出。

為何站樁動輒要求站 40 分鐘、1 小時?先整體放鬆,體會自己身上的每個點,然後尋找其中的反向運動關係,這才是站樁的真解。

為何王薌齋晚年自稱「矛盾老人」?老先生由這個稱號把內家拳的核心原原本本地告訴我們了。

但大部分人沒有那麼好的傳承,而且練不到那個程度,不懂前輩的用意。就如同我告訴大家這個理論,很多人也不一定相信一樣。

人體的力量太大了,如果不運用相反相合,令手臂形成鎖死結構,轉腰蹬腿的巨大力量會大量地消耗在肩膀、手肘、手腕的關節上,無法形成整勁。整勁的力量有多大?可以說,內家拳高手比常人多 12 隻胳膊輔助自身的 2 隻胳膊發力。

如圖 36,我們雙手下垂,兩腿併攏。併攏後的兩腿與腰粗細相當,而腰大約相當於 6 隻胳膊那麼粗。因此,一旦利用好了腰腿力量,至少相當於多了 12 隻胳膊發力。

這還只是笨力氣。假如再加入槓桿的支點,縮短力臂,12 隻胳膊的力量可以再度放大,這樣的力量無疑是

圖36

巨大的。

　　但如果我們在發力過程中，關節同向運動，手腕前伸、手肘前伸、肩膀前伸，沒有反向運動，沒有像螺絲、螺母一樣擰在一起，那 12 隻胳膊的力量到了肩關節會損耗一部分，到了肘關節會損耗一部分，到了手腕又會損耗一部分。不僅原本巨大的力量在傳導過程中逐漸損耗，而且容易挫傷關節。

　　很多人練不出整勁的主要原因是誤以為內家拳的整勁就是所有關節沿著一個方向用力。這是典型的用現代搏擊的思維來研究傳統武術。

2.7
外三合：點相反鎖死的概念

明白了點的相反相合，
外三合就能做對。
找到練功正確的感覺，
自然會達到內三合。
形變能夠引發內部變化。
不對的形無法產生正確的意，
也就形成不了所謂的內力。

前文講了相反相合，理解了相反相合，才能夠深入理解外三合。

任何時候，同側的手腳、肘膝、肩胯都應該是反向運動，但很多人都做成了同向運動。

（一）手與足合

幾乎所有人都認為手與足合是指手的方向和腳的方向相同，這完全不對。藉由特別簡單的方法就可以驗證。我們手腳同時往前運動，讓朋友用一隻手掌頂住我們，我們就會發現很難克服對方的力量，即使勉強克服了，也是頂勁居多，並不巧妙，如圖 37。

而在實際搭手過程中，如果手向後，腳向前，我們

圖37

圖38

就能很輕易地靠近對方。這時候我們再發力，對方就很容易站立不穩（圖38）。

這是由於我們的手後退，一定程度上引化了對方的力量，同時腿已經闖入對方的重心領域，稍微用力就能破壞其重心。

再比如，我們出手擊打對方，對方向左或向右橫撥，我們就會跟沒頭的蒼蠅一樣偏向兩側（圖39）。這就是薛顛先生說的「絕力使來少反弓」。向同一個方向用力就是絕力！

劈拳回收的時候也是一樣，如果手回收，腿也回收，這個動作便錯了。手和腿同時回收，人家順著你的力量一送，你自己就站立不穩了，這是陰陽不分造成的。劈拳回收的時候，只有手回、膝蓋前出，才能保證自身穩定。

圖39

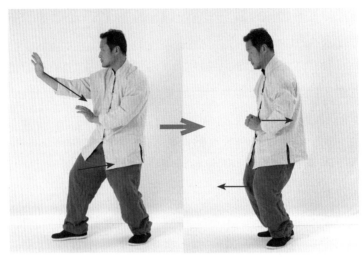

圖40

如圖 40所示，手腿同向運動會讓自己站立不穩。

太極拳的發力也是這樣，以掩手肱錘為例，我們動作回收的時候，如果肩、肘、手同時回收，對方順著我們的回收之勢施力就會威脅到我們的重心，相當於我們邀請對方攻擊自己（圖41）。

向外發力的時候，手、肩同向向外用力，我們的力量如同一條豎直向前的直線。對方可以輕鬆地沿著上下、左右方向改變我們的打擊方向，導致我們想要擊中對手，但是發力後卻偏離了目標。

太極拳所謂的支撐八面，形意拳所謂的勁力周全，含義都是當我們向前出手時，對方嘗試從左右、上下改變我們的打擊方向，卻改變不了。

如果打出一拳去，對方一橫撥，我們這一手就沒用

圖41

了，這只能證明我們自身的勁力不周全，沒有掌握住纏絲或者擰裹鑽翻的勁。

帶著這樣的思維去理解古代拳譜中「打法定要先上身，手足齊到方為真」這句話，才會發現這句話的真義。

我們以前以為的手足齊到，是手足同時落地，但是真的遇到阻力了，手足同時向前或者同時向下都難以完成。大家跟小夥伴一試便知。

須知「手足齊到方為真」前面還有一句更重要的話──「打法定要先上身」！如果想身體靠近對手，不能手足同時向前。只有手退足進，分開陰陽，才能貼近對手，身體的力量才能夠發揮。

因此「手足齊到」的意思，並不是同時到位，而是手足到正確的位置上。由於大部分練習者沒有對抗的經驗，推手的水準也不高，所以很容易想當然地去解讀拳

譜,而忽略了只要拳譜中提到對抗,就一定要考慮對方的阻力這一點。

帶著這個思維,大家反思一下自己的渾圓椿或者三體式,有沒有從站椿之初就培養克服阻力的意識?如果沒有,只能說你站的椿沒有內涵,是為了站椿而站椿,如此站椿,出功夫自然緩慢。

但有一種情況,手腳同時到不是錯誤,那種情況就是我們周身的力量都是滾動的。

我學習過耿誠信這一派的劈拳,這一派的劈拳要求腳落地、手落地像蓋印一樣,同時到達。大部分人練習時腳用力跺地,方向是向前的,但蹬地的反作用力會阻礙手臂力量向前,這時候手腳同時到達起的是反效果。如果這時候腳向下、膝蓋向下、胯向下、肘向下,形成一個圓弧狀的發力,反而可以增加手臂前發的力量,整個身體如同滾動的球一樣,把力量往前輸送。這也是心意六合拳、戴家拳中兼有的老劈拳的特點——身體整體走一個自上而下的弧線。

但是現在大部分人練功只練梢節,很少有人能練到腰胯脊柱上,所以很難產生整體翻砸的感覺。

太極拳也是一樣,但太極拳前後力量較少,左右轉動較多。練太極拳的朋友久練沒根,出不來功夫,更多的是肘與膝合、肩與胯合的問題。

(二)肘與膝合

什麼叫肘與膝合?胳膊肘和膝蓋的方向也是相反

的，而不是相同的。

　　我們先以形意拳為例。很多人站三體式，腿上不使勁，導致膝蓋完全放鬆，檢測樁功結構的時候就扛不住對手下壓的力量（圖42）。

　　同時我們的三體式很容易膝蓋向前用力，胳膊肘也向前用力，對手稍微向左右偏撥我們的前手，我們整個人就會衝向對方的拳頭，重心完全喪失（圖43）。

　　渾圓樁是兩腳平行站立，在前後方向上最容易被人推動。如果我們站了渾圓樁，卻扛不住對手推的力量，在太極拳中就做不到支撐八面，在形意拳、八卦掌中就做不到勁力周全。而三體式是前後站立，左右最不穩定，如果不能扛住左右的推力，就是沒有練出來左右力，就達不到古拳譜的要求。

　　太極拳練功過程中容易存在的問題是同向問題，即

圖42

圖43

　　在轉身的時候，身體右轉，肘也右轉，同時膝蓋也右轉。

　　很多朋友自己發現不了這個問題，不覺得這是錯的，認為這是人體的自然習慣。

　　一位朋友曾經跟我說：「龐老師，我練拳過程中，鞋子的外側磨損得特別厲害，是怎麼回事兒？」他是犯了同向的毛病，右轉的時候，手腳肘膝都右轉，於是腳外緣就承擔了很大的壓力。

　　我們用一隻手做一個實驗。在練習太極拳中左右轉動的動作時突然停住，讓朋友用一隻手輕輕地沿著轉動方向推一下我們的膝蓋（圖44）。

　　如果站立不穩，就說明大家練拳沒有把勁力練到腿上。空練的時候很好，一做受力檢測就發現練的是錯的。

　　這還只是在靜止狀態下，如果運動起來，特別是在

圖44

搭手受力後就更不敢左右轉動了。本來就連一隻手的力量
都承受不住,怎麼可能承受得住對方全力的對抗?靜態下
的勁力漏洞,在遇到對抗時就會被放大。

　　為什麼那麼多的朋友練太極拳會把膝蓋弄傷?就是
因為在上肢轉動過程中,膝蓋也在不自覺地轉動,與肘形
成了同向運動。

　　人的膝蓋是可以屈伸的,但向左右活動的範圍有
限。常見的錯誤的太極拳練功方法恰巧是膝蓋左右晃動,
加上重心壓得低,體重作用到不穩定的關節上,最終導致
關節受傷。

　　正確的練功方式也很簡單,就是當胳膊肘右轉時,
膝蓋一定保持向左扣住。大家如果按照這樣的動作標準去
練,身體上下就能鎖死,當對方再推我們的膝蓋時,我們

圖45

就不會有向一側傾斜的危險（圖45）。

太極拳也分很多流派，各流派的細節區別很大。大部分練習者只會從套路的角度去分析哪個套路架子大，哪個套路架子小，但這些都不是核心。我學習過的流派中，洪均生先生的太極拳細節研究更紮實，對於人體的點及其運動能力的陰陽搭配研究得最為透徹。

按照洪均生先生傳授的細節，假如肘向後，則膝蓋要向前；肘向左，則膝蓋要向右；肘向下，則膝蓋要向上，即肘與膝的方向完全是反著的。可能聽上去很複雜，但這是洪先生對「肘與膝合」的高度總結。洪先生用正反纏絲這個具體的練法，將這些細節串聯了起來。這個基本功就是在練習相反相合，也就是在練習分陰陽。

因此，我所教的太極拳，在站樁、活肩胯之後，第3

個訓練內容就是纏絲訓練。透過一天1000圈以上的練習，掌握太極拳的核心理論。只要有正確的方向，出功夫並不難。

（三）肩與胯合

肩與胯合也是反向相合。大家都知道形意拳的崩拳是胯打，但如果我們的胯往前、肩膀也往前，當對方搭上手之後，往左右一拉，我們的進攻方向就被對方改變了（圖46）。

三節同向用力這種練法只考慮了前後方向，但凡考慮到對手可能會在前後方向使出順手牽羊招式，或者在左右方向施力改變我們的進攻方向，我們都不敢朝單一方向用力。這種現在多見的直打直的形意拳練習方法，是古代形意拳師傅們最反對的練習方法——絕力（薛顛先生所

圖46

圖47

言）。

　　只有你肩膀的用力方向和胯的用力方向相反的時候，對方才破壞不了你的結構。用力方向相反的時候，肩胯會反向擰轉，身體如同磨盤一樣沉重有力，達到老前輩所謂的「推之不動，拉之不開，壓之不散」。

　　肩與胯合的問題，在太極拳中最容易出現。我們以野馬分鬃為例，大家如果只看圖 47，會感覺這個動作沒什麼問題。然而只需要一位朋友用兩根手指順著我們的轉動方向拉一下我們的肩膀，我們就會站立不穩（圖48）。

　　大部分人覺得，圖 47 中的姿勢除了動作不是很舒展，其他還可以，胯也鬆，肩膀也不緊張。然而看上去是對的，其實卻是錯的。因為肩胯沒有反向相合，所以看上去鬆，一受力全不對。

　　關節的鬆只是要點之一，鬆之後還有很多東西。拳

圖48

譜中說「先節節分家，然後節節貫穿」，節節分家需要鬆，節節貫穿就需要關節擰合了。

如果大家自己摸索，需要多少年才能想通這個道理呢？我感覺很少有人能想通。都說「真傳一句話」，這一句話不說，把人累垮也可能練不出功夫。

我為什麼非要寫這本書？因為我們現在太缺乏對傳統武術的基礎理論的研究了。

心得只是對某一階段的感受的總結，哪怕我們的心得建立在正確理論的基礎上，但過一段時間，隨著功夫的進步，自己就可能會推翻現在的心得。

有時間發表階段性的感悟，不如靜下心來多思考現狀。否則，錯誤的起點，錯誤的練習過程，會產生錯誤的感受，讓人錯誤地以為自己是對的，如果再好為人師指點別的武術愛好者，就會把自己的錯誤傳給別人。

　　內家拳的練功過程，如同一個精密機械，從底層邏輯到上層建築均精密無比。一環錯很容易導致後續所有環節全部不對。傳承的好處就在於它如同一本字典，裡面含有豐富的訊息，能把大家的錯誤理解拉回到正軌。

　　正確訊息與錯誤訊息之間的巨大差距，導致了即使告訴大家正確的東西，短時間內大家也可能很難理解。

　　很多朋友，當我誠懇地告訴他問題出在哪裡的時候，他並沒有聞過則喜，而是感到被冒犯了，不是很高興。

　　因此，寫這本書的時候我自己內心也很糾結，因為一旦想法形成文字、寫成書，可能會給讀者的武術知識體系造成顛覆性的影響。我曾經也為了自以為正確的東西投入了很多的金錢、時間、精力，所以知道知識體系被全盤推翻並不是一件令人快樂的事情。

　　然而武術問題容不得半點馬虎。身為研究者，闡述真相是責任。當然這本書中所寫的理論，肯定也是我以為的真理。裡面若存在錯誤，也歡迎朋友們指出，幫助我改進。

2.8
發力與三角形的過渡

力發於腳，還是發於丹田？

內家拳發力完全不同於現代搏擊，

重心被威脅的時候，您敢蹬腿發力嗎？

想當然的猜測不能等同於事實上的正確。

　　我們在前文中知道了用腰腿發力可以爆發出很大的力量，可以稱作 12 隻胳膊發力。我們詳細論證了發力過程中，三角形可以起到減少損耗的作用，並可以把更多力量過渡到對手身上。

　　在現有的幾何結構中，沒有比三角形更穩固的了。在前文我們知道了三角形的重要性，但很多朋友都以為發力是靠蹬腿，特別是練形意拳的朋友，他們錯誤地理解了「消息全憑後足蹬」的含義，頻繁地蹬腿發力，導致腿部三角形發生形變。

　　要知道，人發力大概是沿著水平方向向前的，腿部三角形的變化會使重心上下起伏，導致我們蹬地的力量在上下方向上有損耗，而不是向前全部輸出（圖49）。

　　過去有經驗的師父要求徒弟練拳過程中頭部的高度不能變化，也是為了壓住腿部三角形，盡量減少重心的上下起伏，從而減少蹬地的力量在上下方向上的損耗，最大

圖49

圖50

限度地將力量發至前方（圖50）。

　　腿部三角形的變化會讓我們重心不穩。以我站在半圓形波速球上的演示為例，波速球本身是不穩定的，就如同在推手過程中，對手壓迫到我的重心，令我站立不穩。這時候不能蹬腿，以免腿部三角形發生形變。

　　無論腿部三角形是擴大還是縮小，都會加劇波速球的擺動，讓我更容易失去重心。因此，重心受到威脅時，腿部三角形運動越少越好。

　　當然，很多人解讀拳譜時都不考慮對抗因素，憑直覺認為蹬腿發力更能用上力。大概率來講，練拳過程中，我們的手臂三角形與腿部三角形都是盡量不動的。大家如果看功夫很好的前輩的拳照，例如：孫祿堂、楊澄甫、洪均生等的拳照，就可以發現，他們在練功過程中，無論是手臂還是腿部，三角形的角度基本是不變的。

　　圖51就是孫祿堂前輩的拳照。

　　大家以為的「發力起始於腿」是不對的。《太極拳論》怎麼說的？「其根在腳，發於腿，主宰於腰，形於手指。」怎麼才能主宰於腰？腿部三角形不動，蹬地的力量自然過渡到腰，轉腰發力，在手臂三角形不動的前提下過渡到對手身上，這不就是主宰於腰了嗎？

　　蹬地本身並不發力，而是利用地面的反作用力，結合丹田的發力產生合力。另外，形意拳的「消息全憑足後蹬」，說的是「消息」，不是「發力」，大家不要錯誤理解。

　　這是我們練拳過程中，由點延伸到三角形的幾個相

關概念。很多朋友會問：手臂要維持三角形，腿也要維持
三角形，這些地方都不動，還怎麼練拳呢？請繼續往後
看。

圖51

ꙮ 2.9
不動與身法

> 內家拳練的是陰陽，
>
> 也就是矛盾。
>
> 拳法中沒有規矩，
>
> 是不出功夫的最大原因。

　　現代人練拳時手臂、腿經常亂動，所以練來練去不出功夫，即使練出功夫，與老前輩們相比，功夫也差得很遠。

　　手臂動得多，轉腰的力量肯定會在關節處打折扣，發不出來；腿動得多，重心不受控制，則進退失據。

　　只有手臂和腿的三角形盡量維持不動，才能倒逼著練出身法。

　　身體左右轉動、上下折疊（即形意拳的撐裹鑽翻，太極拳的胸腰折疊），才能產生內家拳的身勁。

　　手不動、腿不動，才能倒逼身法出現，這是真正提高功夫的秘訣！多少人樂此不疲地練習手法而不研究身法？其實不是不研究身法，而是大部分人壓根兒不知道身法是什麼，自然也就沒法兒去研究。

　　太極拳宗師洪均生先生最注重練拳的規矩，認為有規矩才能形成正確的練功習慣。王薌齋先生說：「大束縛

得大自在。」沒有規矩的束縛，根本誘導不出身體的自在變化。

　　現在很多人只用手臂練拳，自己怎麼舒服怎麼來，這種練習方法會令人產生舒適感，讓大家心理得到滿足，覺得不太勞累就能夠讓身體健康挺好的，使得內家拳廣泛傳播。

　　但傳播得廣，高手卻不多，因為這種練法是錯誤的。很多看上去不對、彆扭的練法，往往才是正確的。

2.10
抻筋拔骨，鬆與緊

練拳到底要鬆還是要緊？

哪一種更能開發人體極限？

抻筋拔骨都快成為「口水」詞了，

但真正的抻筋拔骨您見過嗎？

從相反相合的概念延伸，才能講到下一個概念——抻筋拔骨。

抻筋拔骨是現在大家用濫了的詞，我們從網路上搜到了很多教人抻筋拔骨的影片、文章。從技術上分析，這些老師練拳都是手腳同向的，不僅無法應用，而且跟反向抻拔的抻筋拔骨無關。

手腕向前、胳膊肘向前、肩膀向前，這些動作更接近體操，並沒有反向拉伸關節，不反向拉伸關節，怎麼可能會有抻筋拔骨的效果呢？

要知道，抻筋拔骨絕對是一個痛苦的過程，沒有大家想像的那麼簡單。在《水滸傳》「赤髮鬼醉臥靈官殿，晁天王認義東溪村」這一章中，說晁蓋「最愛刺槍使棒，亦自身強力壯，不娶妻室，終日只是打熬筋骨」。這裡形容筋骨訓練的詞是「打熬」，非常形象！

同樣，在李榮玉先生的《走進王薌齋》這本書中提

到，王薌齋稱站樁為「上刑」，這位大成拳的創始人甚至這樣說：「意念，什麼意念呀！給你上上刑（站樁），你還有什麼意念呀！刑上過去什麼意念都出來了。」也就是說，先能忍受站樁的辛苦，然後才有資格談意念。是不是與我們大家的理解完全不同？

舉個容易理解的例子，大家都會壓腿抻筋。壓腿一定是先鉤腳，固定腳腕，胯沉下不動，固定於一點，然後彎曲身體，此時才能感覺到筋的拉伸。此時，腳後跟向前蹬，胯向後拉，明顯是兩端反向用力。這個過程非常痛苦。所有不痛的抻筋拔骨，都是偽概念，甜蜜蜜的東西是不符合前輩們對於抻筋拔骨的認知的。

我曾經拍過一個影片展示抻筋拔骨（掃 QR Code可看）。拔骨指的是肩胛骨與脊柱分離，從這個影片中能明顯看出骨骼之間的凹陷；抻筋是肋下、頸部兩側有明顯的筋條繃起。在這個過程中，筋肉拉伸，骨頭分離，疼得人想抽筋。

形意拳的抻筋拔骨要練出「四樑八柱」，即頸部兩側大筋、肋下兩側大筋、脊柱兩側大筋、大腿下面兩條大筋。

抻筋拔骨

而各個關節同向運動的站樁或者練拳的方式，壓根兒不可能練出抻筋的效果。按照相反相合的概念站樁，關節與關節遠離，才能達到這樣的效果。陰陽翻拳功的創立者趙福江說「筋要抻骨要縮」，指的就是反向拉伸。

抻筋拔骨的具體練法其實很簡單，分為兩個部分。

第一部分，先具備反向力量。

這個東西先要有老師教，更重要的是要有老師幫你指正，不然很容易就走偏了。

武術的失傳並不是隔代失傳，而是當代失傳。一位老師曾對我講：「我現在告訴你樁怎麼站，扭頭喝口水的功夫，你就變形了！」

很多朋友都很自信，認為憑藉自己的心得經驗可以自行摸索練拳。希望上面這段話能夠打消大家的這種想法。就算老師認真地教，動作都會因為自己的理解不足或者惰性而變形，何況自己摸索？

學武不容易，老師省一句話，可能你就得摸索很久，得出的東西還可能都是錯的。為了避免這種情況出現，我才立志建立內家拳的基礎理論，公開訓練要點。

從長遠來看，技術公開的好處有很多。我們的學員裡不乏人才，他們有基礎、有經驗。在掌握眾多要點之後，他們可以根據自己的經驗，把這些要點深化、提高。整個技術體系相當於在不停地完善，日久天長，學習、傳承的人會越來越多，斷絕的可能性會越來越小。

第二部分，在反向力量的前提下進行 S 形擰轉。

王薌齋先生說過，手臂如果不經歷 S 形擰轉，一輩子不會出大功夫。而一旦練習真正的功夫，很多朋友會覺得自己渾身緊繃、僵硬。很多朋友問：這會不會與內家拳的鬆反了呢？

很多人都把內家拳的鬆放在了第一位，其實這是不

對的。形意拳、太極拳、八卦掌，沒有一個是把鬆放在首位的，講的都是鬆緊結合。

形意拳、八卦掌拳譜中都說「緊四梢」。也就是牙齒、手指、腳趾、舌頭都要緊。連舌頭都要緊起來，這一點是不是與大家「周身放鬆」的普遍認知相背呢？

《陳鑫陳氏太極拳圖說》中講：

純陰無陽是軟手，純陽無陰是硬手；
一陰九陽根頭棍，二陰八陽是散手；
三陰七陽猶覺硬，四陰六陽類好手；
唯有五陰並五陽，陰陽無偏稱妙手。

陳鑫先生明確指出，純陰（鬆）無陽（緊）是軟手，沒法兒應用的。五陰五陽、鬆緊結合才是正確的。

老前輩功夫高，遇到功力淺的人，感覺不到對方的力量，很放鬆地就能化解對方的攻勢，將其打發出去，顯得輕鬆精彩。於是大家都學習老前輩的鬆，卻忽略了老前輩的功夫是以抻筋拔骨的緊，用一輩子時間練出來的。現代人衝著結果練拳，看到老前輩的最終狀態，就想直接追求。於是，「大道甚夷而民好徑」「道不遠人人自遠道」的情況再次出現。

需要知道，鬆不開發人體極限，緊才能開發人體極限！是不是所有提高身體素質的方法，都會讓你感覺到疲憊？鬆著練功，能提高你的身體素質嗎？能養生嗎？提高不了身體素質，怎麼可能起到養生的作用呢？

這裡面涉及一個重要的練功邏輯，我需要跟大家交代清楚：鬆著練導致緊著用，一輩子不出功；緊著練才能鬆著用，應用起來遊刃有餘！

大家平時練功鬆著練，手腕、手肘、肩膀三道防線都完全放鬆，起不到防禦的作用，推手的時候很容易被對手的力量作用到自己的重心上，重心不穩的時候急於調整重心，身體立刻僵硬，推手即宣告失敗。

真正處於對抗狀態的時候，人通常都是緊的。如果平時鬆著練拳，這種緊張的狀態就是陌生領域，對抗時即使有功夫也施展不開。所以鬆著練並不能讓你鬆著用。而真正的練法，正如教真東西的洪均生老先生所說：「銅指鐵腕！」手指頭用力時要像銅鑄的一樣，手腕用力時要像鐵一樣。

形意拳拳譜說，練功的時候四梢要緊。我叔叔龐恆國跟我說，過去練習八卦掌轉掌，手上都戴著石手套，手腕手指自然用力。這就是在模擬跟對手搭手的狀態，雙方較量，誰敢放鬆？手腕、手肘、肩膀三道防線，必須用力以掤住對手的勁。

在掤住的前提下，肩膀鬆開、旋轉，化解對方的力量，才是真正的放鬆，也就是拳譜中說的陰陽相濟。

因此，平時訓練的時候要梢節用力，模擬真實對抗時候的緊張狀態。在這種緊張的前提下肩膀放鬆，能夠轉動，才是符合實戰對抗要求的真正的放鬆。

緊中鬆很多前輩都提到過，但很多人不信。大家以為的放鬆，恰恰是初學者不應該側重的東西。太極拳大師

李雅軒大鬆大軟的理論影響了很多人，但是大家忽略了前輩說這話的兩個前提。

（1）大鬆大軟是對誰說的？

一般人連掤勁都沒有，何以支撐住敵人的勁路？初學者周身用力掤住尚且支撐不足，何談放鬆呢？大鬆大軟是前輩對有功力的，特別是已經具備整勁的徒弟說的。他們功力十足，掤勁已經成為本能，然而可能缺少變化，不靈巧，所以前輩才告誡他們要「大鬆大軟」！大鬆大軟，一是能夠靈活轉換，二是能夠敏感聽勁。

我們也想大鬆大軟，但是不是得先有跟老前輩的徒弟一樣的功力水準之後才有資格追求呢？沒有掤勁、沒有支撐就談放鬆，簡直是天方夜譚，能出功夫反而奇怪了。

（2）大鬆大軟是怎麼做到的？

李雅軒前輩講大鬆大軟，也是在自己年老之後，有五六十年的純功做基礎才敢講的！他成名前下了多大工夫，您有沒有想一想？省去別人五六十年的努力，直接一步到位練出最高境界，世上哪有那麼好的事兒？

對的理論很重要，對的練功順序也很重要。

因此，我們在傳承時，應嚴格遵循古傳形意拳、八卦掌、太極拳的練法。太極拳的負重纏絲，形意拳的負重三體式，八卦掌的負重套路，這些練法並不是我們自己研究的新練法，而是符合古人授拳邏輯的好練法。

現代人是練起來鬆，一用就緊，練的跟用的不一致。

古人是練的時候緊，用的時候鬆，遊刃有餘。

前文我們講了內家拳的基礎理論，例如點的概念、三角形的概念，先有結構支撐具備掤勁，才能講鬆活圓轉。從本章開始，我們將深入探討人體的結構模型，為大家揭示更多內家拳原理。

3.1
方圓相生，三角形與圓形

太極拳大師鄭曼青先生說：
「三角者，真為組成圓形之根基形體，
圓之作用，與其所包含之三角形，
極有關係。」

內家拳又要人鬆，又要人緊，貌似非常矛盾。那麼在練習的過程中，到底哪裡應該放鬆，哪裡應該緊呢？具

體又是怎麼做到呢？我們會在這一章為大家解釋清楚。

　　《陳鑫陳氏太極拳圖說》中曾說太極拳「方由圓生，圓因方成」。這句話說的就是我們理論體系中三角形與圓形的關係。方不是指正方形，只要帶有稜角的形狀都算方。到了近代，太極拳大師鄭曼青先生也一再強調方圓相生這個理念。

　　前文中我們說過，想要維持住掤勁，身上的各個點就要形成不同的三角形以支撐對方的力量。在訓練過程中，這些參與組成三角形的部位是無論如何都不可以放鬆的，但是我們的肩胯需要放鬆。

　　從幾何結構上來看，人體是這樣的一個模型：外面的方（也就是三角形）負責支撐，裡面的圓柱體左右轉動（前文的圓柱體理論）以化解對手的進攻力量（圖52）。

　　為什麼我們做不到肩胯放鬆、外部緊張？

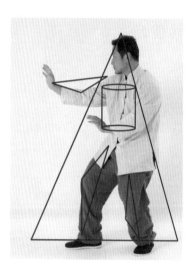

圖52

　　因為大部分練習者，外部沒有三角形支撐，一受力就會被對手壓迫重心，所以鬆不下來（鬆不下來的原因，竟然是因為沒緊張起來，這個邏輯是不是很神奇？）。

　　另外，肩胯的運動模式也不對，沒有做到前文說的守住中軸線，運動的幅度不是過大就是過小。

　　仔細研究的話，人體兩手、兩腿都是需要固定住的三角形。手部三角形由腕、肘、肩膀組成，腿部三角形由胯、膝、腳腕組成。

　　外面的東西是要一動不動的，但內裡的骨盆在一定程度上是可以左右、上下轉動的。隨著內家拳的功夫越來越深，在外部三角形都不動的前提下，骨盆運動的幅度是可以越來越大的。太極拳中的「襠勁暗換」、形意拳中的「活胯如猛虎」都是這個意思。

　　只有外面不動、裡面動，才叫暗換。搭上手之後，在手臂接觸點不變的情況下，腰胯已經完成了勁路的轉換，對手是感覺不到的，這才是暗換。而很多人做的都是明換，腰胯一動外部就跟著動，很容易被對手發現目的和意圖。

　　老拳譜的每個字都是經過斟酌的，只是我們水準不到，理解不了，也做不到。

　　如果沒有手臂三角形、腿部三角形的支撐，對手搭手時所用的力會直接作用於我們的重心，我們失重站不穩，就沒法兒化解對手的力量。但是如果有外部三角形撐住對手，我們就可以由活開肩胯，用軀幹圓柱體旋轉化解對方的力量，這叫作化力，也叫「牽動四兩撥千斤」。

　　因此，關於內家拳哪裡該鬆、哪裡該緊的問題，就可以得出結論了。所有維持外部三角形的關節都必須用力，例如太極拳的「五胯要緊」，也就是兩個手胯、兩個腳胯，以及頸部需要緊，這幾個點恰巧都是維持腿部三角形、手臂三角形、整體三角形的重要的點。而兩肩、兩胯

必須放鬆，只有兩肩、兩胯放鬆，才能在具備掤勁的前提下，圓轉化解對方的力量。

因此，秘傳的功法都是讓大家適度用力，而不是完全放鬆。

前面我們聊到了鬆緊結合。緊代表著掤勁，必須在鬆之前，否則人就會像無根之草，一碰就倒。

如何建立掤勁呢？

太極拳前輩鄭曼青先生說得特別好，「太極拳是方圓相生」。此言與李存義先生由勾股三角形講解橫拳勁路有異曲同工之妙，非常形象生動。尋找到身體的方，才能完成掤勁的搭建。

那麼，什麼是方？

以太極拳宗師楊澄甫先生拳照（圖53）為例，不同的點相連，會構成不同的三角形。身上幾乎任何三個點都能形成三角形，三角形相互支撐，構成結構。

圖53

現在我們做出圖53的動作，讓對手推我們的右手。對手的力量會由我們右手的三角形過渡到軀幹，由軀幹過渡到腿部三角形，然後被引向大地。對手推我們會感覺非常費力，而我們自身並不怎麼用力，這就是掤勁。

掤勁不是一個向外的勁力，這一點我們前文曾經說過。

第一，掤勁方向向外，容易與對手頂牛，不利於自身重心的穩定。

以渾圓樁為例，如果對手想要破壞我們的重心，自然會用一個向前的力量，而我們為了維持住掤勁，如果也是胳膊向外撐，則力量都集中在肩胛部位，若對手之力向後延伸到我們重心的延長線上，我們很容易站立不穩（圖54）。

第二，掤勁的力量向外，容易被對手拉開間架，起不到防禦作用。

為何容易被對方打開防禦間架？假如我們掤勁的力

圖54

圖55

都是向外的，一旦對手向前破壞我們重心的力量變成了向內掛，我們就會立刻被對方拉開防禦，空門大露（圖55）。

由此可見，維持住掤勁的關鍵是維持好三角形結構。這個力量是鎖死咬合的，沒有向外也沒有向內。隨著對手推拉方向的不同，適度變化三角形的大小就好了。對手推得多時，我們的三角形外撐一點，三角形擴大一些，同時保持好結構，就可以抵抗他的推力了。一旦對手變勁外拉，我們可以把三角形縮小，向內鈎掛的力量多一些。這樣就可以達到老前輩們的「抱六撐四」或者「抱四撐六」的要求。

當然，具體過程並沒有那麼簡單。這種向外的力量與向內的力量相平衡的狀態，是由筋肉的拉長與骨架的回縮達到的，完全建立在點的相反結構以及正確地搭建起身

體的各個三角形之上。對手施加於我們身體的力量，都被三角形結構引向大地，相當於對手在與大地對抗，我們自己感覺很輕鬆，但對手會感覺非常吃力，這種狀態才是不丟不頂。

要訓練自身的三角形結構，構成三角形的各個點肯定都得適度用力。關節之間反方向用力，對拉拔長，可使我們的肌肉及韌帶得到適度鍛鍊。久而久之，勞損、腱鞘炎、網球肘、肩袖肌群綜合徵會得到一定程度的緩解。

這樣的三角形結構只能透過內家拳中最重要、最基礎的靜態樁功訓練出來。缺乏樁功的訓練，很難搭建起正確的三角形結構。

然而，支撐只是練好掤勁的第一步，我之前好多年都以為掤勁就是支撐，但是隨著功夫的進步，我發現這是不對的。洪均生先生在他的著作《陳式太極拳實用拳法》中提到，掤勁也是一種螺旋，在支撐的前提下旋轉，才是真正的掤勁。

王薌齋先生說過，不要做對方的拐棍。當我們站樁形成穩定的身體結構後，對手施加力量時我們不可以硬生生地承擔。硬撐著對方的力量，就是做對方的拐棍了，對方容易變化，而我們相對被動，沒有做到我順人背。

身體能夠轉動變化，遇到力量就轉動身體，讓對手被動，才符合拳理。化解力量與反擊對手同時完成，才是真正的掤勁，才符合大家對太極拳的認知。太極拳是球勁，不能碰，對手一碰就會被撞擊出去。我們沒有王薌齋、洪均生前輩功夫高、見識深，但他們的理解與觀念，

我們應該嘗試去理解。

有的朋友沒有整體結構，也就是整勁，這個比較好解決，按照正確的方法站樁就能練出來。

一部分朋友是有基礎了，有掤勁了，但是搭手老是頂。這是典型的以為掤勁是撐住對方的勁，缺乏變化。改善這種情況的方法，就是在意識上明確掤勁不是支撐，而是支撐前提下的圓轉，可以參考太極拳的纏絲功來改變自己的練習功法。

太極拳的纏絲功，本身就在練掤勁。但是很多太極拳練習者因為缺乏站樁的功夫，把鬆錯誤地理解為鬆懈，於是鬆鬆垮垮，練不出真正的功夫。

我的叔叔龐恆國說得特別好，鬆不是讓我們的身體像爛白菜一樣鬆鬆垮垮，而是像葡萄一樣，外表看著鬆，提起來整個內裡是膨脹的。這就是鬆懈與鬆緊結合的區別！掤不住對方的力量，自然談不上化解。缺掤勁的朋友可以多練習形意拳的站樁功，會有很大幫助。

下面送給大家關於鬆的 3 句話，希望能對大家有所幫助。

（1）鬆是在受力情況下體現出來的，受力情況下的鬆活，才是真鬆活；

（2）鬆是在具備了掤勁的前提下苦練產生的，不是怎麼舒服怎麼來，不是放鬆著練出來的；

（3）自己感覺鬆而搭上手不管用，肯定是練功不得法。

3.2
丹田與圓柱體

軀幹首先要成為圓柱體，
才可以轉動、化力。
然而圓柱體截面太大，
只有形成丹田，
功夫才高。

傳統武術都講丹田發力，但是事實上，只有很少一部分人能夠形成丹田。

前文中我們講過，腰胯的運動必須脫離外部三角形，內外分家。這是形成丹田的第一步，也是太極拳中的「先節節分家，然後節節貫穿」的第一步。假如沒有完成內外分家，一舉動周身同時轉動，就是囫圇的狀態，是雙重，沒有資格談論丹田。

前文中我們還說過圓柱體的原理，大家理論上能明白軀幹是一個圓柱體。但是僅僅活開肩胯，使軀幹這個圓柱體能進行內轉是不夠的。因為圓柱體轉動的時候，肯定是肩胯同向轉動，與肩胯反向相合的概念是相衝突的，無法形成穩定的咬合結構。

並且前文中我們還提到過，圓柱體只具備左右力量，且由於縱截面面積較大，在上下、前後方向上支撐不

足，很容易受力。

因此，為了在推手過程中更具備優勢，我們必須要空胸實腹，形成丹田。

所謂的「空胸實腹」，其實指的是，在練拳的過程中，腰胯可以不和身體的圓柱體同步轉動，而單獨進行左右、前後、上下方向的旋轉，形成類似球體的轉動，並且腰胯轉動的時候，上肢、肩膀被動地跟隨其轉動，甚至有的時候反向轉動。如果能做到，就達到「主宰於腰，形於手指」的狀態了。

當完成了丹田的構建之後，會出現一個特別有意思的現象。丹田是人體的中節，它的轉動其實是快於肩膀的。因為肩膀與頭、胸形成上盤，腰腹是中盤，腿腳是下盤。而人體能夠做到如同磨盤一樣，上下動得慢，中間動得快。利用這種速度差與時間差，碾壓對手的勁路，這才是拳譜中節節分家的含義。先節節分家然後才能節節貫穿。

很多朋友重心鬆沉不下去的原因，就是肩膀只能同向轉動。

初學者須先形成圓柱體，以獲取化解對方力量的能力，然後再進行丹田的構建。沒有圓柱體形態，就構建不了丹田。但圓柱體絕非終極形態。

真正形成了丹田後，在人體的竪直方向上，胸部、丹田、腿部會形成 3 個能反向、同向轉動的圓球，在中軸的貫穿下，如同糖葫蘆一樣，但能朝著不同方向轉動，化解對方的力量（圖56）。具備了這樣的結構，才能做到太

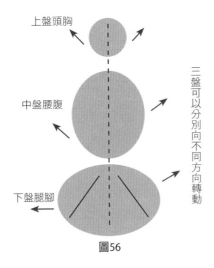

圖56

極拳中的受力後立身中正，才能如同不倒翁一樣。

拳法在每個階段有每個階段的「正確性」。

初學者，圓柱體能轉動就對了，做好了圓柱體才有資格談丹田。

初學者放鬆也是對的，但放鬆了一段時間就得研究掤勁，得加入三角形概念了。一味地放鬆不容易獲得提高。

初學者先站樁後習拳法的思維也對，但是練到具備掤勁卻一直不開拳就錯了。

初學者永遠不要追求絕對的正確，只要方向對了，持續練下去，就有提高的可能。

洪均生先生老年時，他的拳法在我們看起來已很圓滿了，但可能在他的老師眼中還是有瑕疵的；我的叔叔龐恆國，他的拳法在我看來很高明，但在他的老師眼中可能還是有瑕疵的；我的拳法，學員們感覺還不錯，但在我叔

叔眼中，還是有很多瑕疵的。

練拳的過程是循序漸進的，誰也不可能完全對，只能逐漸接近正確。

上來就衝著結果練習，忽略試錯的過程，就好比愛迪生省去了上千次的實驗，一下子就發現了電燈泡的材料一樣，幾乎不可能。

所以拳法也需循序漸進，晉級式的教學過程也是勢在必行。必須有清晰的階段性目標，才能讓內家拳練習者的功夫逐漸進步。

有的朋友開口不離丹田，但是跟人搭上手後，自己站都站不穩，一點兒功力都沒有。

不是氣沉丹田導致重心落到腳底，而是因為肩胯突破同向運動，形成丹田，才能夠氣沉腳底。肩胯同向運動是永遠不可能形成丹田的，再怎麼從意識上導引也沒用，武術不是玄學。

為何氣沉丹田，或者做到氣沉腳底，就能練出讓對手站立不穩的內家拳功夫？

我們手臂與對手相搭時，對手對我們使用的直勁很容易被我們上盤的左右轉動化解，不指向我們的中軸（圖57）。

丹田從下方斜切，斜 45° 甚至 15° 指向對手，可發揮到自下而上撬動對方的作用。

對方力量打空了，我們的力量從下往上撬著他，他肯定站立不穩（圖58），發放自然是很容易的事情。所謂丹田氣打也是這個意思，不神秘，能練出來。

圖57

圖58

　　想把圓柱體變成丹田不容易，需要一個非常重要的練功過程，叫作空胸開肋。這個用文字解釋起來有點複雜，影片表現得更清楚。大家可以掃描前摺頁的 QR Code 觀看相關講解影片。

　　因為直立行走，人更多的是用腿去承擔體重，肋部很少有機會運動，所以怕擊打。優秀的內家拳老師完成開肋後，肋間肌肉能夠訓練得如鐵板一般，不怕拳打腿踢，這樣的高手其實民間有很多。

　　西方體育為了增加打擊力量，通常都是做加法，以提高上下肢的力量。而內家拳的訓練方式是做減法，透過建立身體結構，減少關節對力量的消耗。因此，兩者結合起來訓練，應該會有很好的效果。

　　言歸正傳，關於開肋，大家可以參考貓去理解。它們的爪子都很短，然而由於肋骨打開，脊柱非常靈活，一下子就能竄出好遠。

　　又如魚，魚一般都是左右擺動身體來前進，脊柱相對堅硬而肋骨相對較軟，假設魚的肋骨跟我們的肋骨一樣都是堅硬的，它們能這麼靈活嗎？顯然是不能的。形意拳號稱象形取意，其實就是跟陸地動物學，跟水中動物學，恢復動物本能。

　　《隋唐演義》裡說李元霸「板肋球筋」，意思是他的肋骨不是一條一條的，而是板狀的，肌肉充實其中。實際上，就是長期刻苦的武術訓練使得李元霸肋間肌硬如鐵板，異於常人。

　　其實單就開肋來說，開肋能夠細分為上下開肋、左

右開肋。近代武術家王薌齋先生為何發明很多兩手高舉的
椿法（圖59）？大家練習這些椿法的時候，有沒有感受到
肋間的拉伸？如果能感受到就對了，因為這些就是練習上
下開肋的椿法。

　　至於左右開肋，八卦掌、形意拳為何有那麼多擰裹
的椿法？自然也是為了練習左右開肋。不然八卦掌那麼彆
扭的身體擰轉（圖60）和圓形轉圈是為了什麼？理論通
了，才能知道內家拳的動作安排都是經過前輩深思熟慮
的。我們對前人的傳承要有敬畏之心，在練明白之前，不
要隨意改動它的細節。

圖59　　　　　　　　　　　圖60

3.3
三盤分家與絞動模型

　　《逝去的武林》中稱八卦掌是絞殺，實際上說的就是形成丹田後，上中下三盤絞動的過程。內家拳都要求身體練得如蟒蛇一般，只是表述方式不同，太極拳叫纏絲，八卦掌、形意拳叫擰裹鑽翻。

　　蟒蛇殺傷對手靠的並不是打擊的力量，而是絞動的力量。內家拳形成丹田的目的也是讓身體在上下方向上，也就是幾何學中的y軸上，形成三個能左右、上下轉動的磨盤。

　　磨盤轉動是典型的絞殺，底下的不動，上面的動，分開陰陽，把中間的東西研磨絞碎。如果磨盤同向轉動的話，物體只會受到磨盤的壓力，而不會受到絞的力量。

　　因此，絞殺的模型有助於大家理解太極拳的各個勁路，非常重要。

　　實際上三大內家拳中，形意拳與八卦掌的理論體系相對明確，因為沒有那麼多套路，開手練拳就是練功。而太極拳因為有太多套路招數，大部分人都是迷迷糊糊地練習套路，很少去思索背後的拳理。

　　我們以手動的絞肉機為例講一下絞殺。我們用手握著絞肉機的把手做圓周運動，這個力量並不大，別人用一隻手就可以阻止我們轉動把手，但是誰也不敢把手伸到絞肉機裡面去阻止。

圖61

　　我們可以想像，絞肉機的內部有很多齒輪，每個齒輪都是陰陽相合的（圖61）。

　　就算對方再強壯，也不敢把手放在齒輪咬合的位置，因為齒輪的反向咬合結構可以把轉動時的很小的力量轉換成擠壓攪動的力量，造成很大的傷害效果。

　　太極拳的 勁很容易把人的關節打斷，用的就是三盤反向的原理。下盤腿部控制對方，上盤把對手的關節捋直，中盤轉動打斷對手骨頭連接的部位，這都是絞動模型產生的強大力量。

　　從體態上看，明顯分為頭到胸膛（**上盤**）、腹部（**中盤**）、腿部（**下盤**）三部分。

　　上中下三盤，每盤又能分成三節：梢節、中節、根節。

　　人體大關節的三節分家合乎卦象。假如以上、中、下三盤分別對應八卦的上、中、下三爻，以左轉為陰、右

轉為陽，按照不同的方向轉動，可排列組合成八卦。

自身能夠形成三爻，在與對手推手對抗的過程中，對方的變化也會形成三爻，兩人合起來就能夠產生64種卦象變化。按照這樣的方式，易經與武術又是相合的關係。假如沒有完成丹田的構建，無法三盤分家，是無法以武入道的。

太極拳練得好不好，有經驗的人一眼就能看出。三盤能否形成反向運動，是功夫入門與否的重要判斷標準。

例如：我的叔叔龐恆國，他練太極拳時三盤的表現就非常明顯。上盤相對不動，全靠中盤與腿的轉動帶動手法，看上去就很有力量，這種力量感就是三節咬合帶來的。

中國式摔跤為何能夠有巨大的殺傷力？以擠樁，也就是太極拳中的野馬分鬃為例，下盤腿部管控住對手的下盤，上盤固定好把位不讓對手逃脫，中盤旋轉創造槓桿效應。對手的膝蓋與上肢形成相反的力量，就才會跌仆騰空（圖62）。

很多人看不懂前輩的拳照或者練拳影片，是因為自己水準不到。曾經我也看不懂洪均生先生太極拳的精妙之處，隨著功夫的進步，才逐漸能夠理解奧妙所在。

形意拳中的擰裹鑽翻也是一樣，如果沒有完成三節分家，關節不具備反向運動的能力，就沒法兒像齒輪一樣發出大的咬合力。因此，如果三體式練習時不注重相反，而是肩膀向前、肘向前、手腕也向前，美其名曰「三催」，其實是非常錯誤的。

圖62

　　「三催」是發力的方式，而不是站樁的要求，這完完全全是把好東西練成了錯誤的。

3.4
錯誤的立身中正與直線

上身直挺挺的就是立身中正嗎？
那為何宋鐵麟先生、孫存周先生在拳照中上身是前傾的？
前輩的動作是錯的嗎？
還是我們的理解是錯的？

內家拳都要求立身中正，但是初學者對於立身中正的理解普遍都是錯誤的，所以出功夫很慢，甚至完全不出功夫。

所有內家拳的勁路都可以從幾何構造及力學分析上研討。

例如：大家都會站渾圓樁，很多人以為它很簡單，實際上，當你懂了它的含義，就會知道它非常難。

太極拳要求支撐八面，任何動作都能承受從四面八方而來的力量。何為支撐八面？就是哪怕雙腳平行著站渾圓樁，也能夠承受來自前後方向的推力。

如果我像圖63那樣站樁，被人按黃色箭頭所示的方向推，能站穩嗎？當然不能。

渾圓樁作為三大內家拳通用的樁法，自然也要符合上述受力要求。雖然姿勢是兩腳平行站立，但能夠承受如圖63中黃色箭頭所示的前後方向的力量。

圖63　　　　　　　　　圖64

　　但是大部分人站渾圓樁的姿勢是錯的（圖63），如果從太陽穴到湧泉穴畫一條直線，大部分人的中軸線（紅色直線）全在這條直線上。

　　與人推手時，對手肯定會沿著黃色箭頭，給我們施加前後方向的力，這個力量的方向完全垂直於我們的身體（紅色直線），沒有任何緩衝。手臂一受力，立刻會傳導來力到中軸線，導致我們重心不穩，推手失敗。這種「立身中正」是錯誤的。

　　長期這樣練下去，不但不出功夫，還容易造成膝蓋損傷。這種姿勢的受力分析如圖64所示，如果身體是直挺挺的，上半身的體重肯定會沿著紅色箭頭落到膝蓋上。短期站還沒事，越下工夫，越認真訓練，膝蓋受傷越重。

　　我曾經對一些朋友說這種姿勢不對，他們跟我說：「你考慮的是推手情況下的姿勢，跟我們自己訓練的要求

圖65

不一樣。」這讓我無言以對。武術本身就是實用的學問，不符合對抗原理的姿勢怎麼能是正確的姿勢呢？這樣的姿勢從力學分析上也站不住腳。那些朋友明明不出功夫，卻依然深深地沉醉在自己以為正確的理論當中。

正確的動作對身體有很好的康養作用，但錯誤的動作只會對身體造成傷害。

如果站渾圓樁有這樣錯誤的習慣，站形意拳的三體式也會形成錯誤的習慣——上身直挺挺地如同一根棍子（圖65）。對抗的時候，如果對手直接衝擊我們，力量會沿著黃色箭頭，作用到上半身的中軸線，衝擊重心，導致我們站立不穩。

以太極拳中的單鞭為例，假如上身直挺挺的，對方無論從背後推還是從前方推，都會讓我們站立不穩，完全不符合支撐八面的要求。

我們來看一組孫祿堂與孫存周父子推手的照片（圖66）。

在推手過程中，孫祿堂上身微微前傾，而孫存周為了把勁力施加到父親身上，也多次出現前俯姿態，這與我

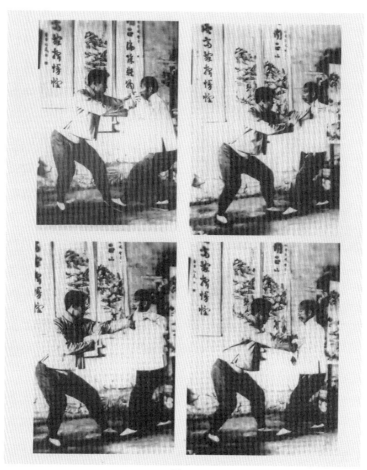

圖66

們理解的立身中正很不一樣。

　　現代人練習內家拳，沒有前輩身法上的前俯後仰。武術是前輩傳下來的學問，跟前輩的動作對應不上，我認為是我們錯了。

　　真正的立身中正，指的是在對抗過程中，受力後仍能夠重心穩定。身體前俯後仰、左右旋轉、上拔下沉都是

圖67

為了破壞對方來力，達到立身中正的目的。身體直挺挺的拳，只能被稱為「僵屍拳」，是身法沒有得到真傳的表現。

拳譜中明明白白地指出要「涵胸拔背」「胸背圓」，可是很多人不遵循拳譜，也否定前輩們的前俯後仰，只按照自己的錯誤理解去練功，因此無法做到立身中正。

同理，宋鐵麟老先生 80 歲時的拳照（圖67）中，姿勢也是前傾的，這張拳照是老先生留給我們的財富。老先生由自己的身體姿態警醒後人——前傾不是錯。

而褚桂亭前輩的三體式站姿則微微有些後仰，大家可以自行搜索圖片查看。傳說郭雲深先生站樁時身體後仰得厲害，他在深縣（今深州市）城樓站樁，大半邊身子都仰到城牆外了。同樣的，楊式太極拳大師楊澄甫先生的很多拳照中身體也是前俯後仰的。

《太極拳論》講「俯之彌深，仰之彌高」，說明太極拳中有俯仰。

孫祿堂《形意拳學》言「至極高、極俯、極矮、極仰之形式，亦總不離三體式單重之中心」，說明形意拳中也有俯仰。

俯仰是透過身體變化，使身體能在前後、左右、上下方向上運動。左右運動通常是轉腰，上下運動通常是折疊。後文我們會用幾何學上的 x、y、z 三個軸的方向來重新定義內家拳的運動模式。

大家直挺挺地練拳，身體不會產生任何運動。只活動手臂和腿，自然不可能出功夫，鍛鍊效果也大打折扣。假如對手一拳打過來，我們是不是應該左右傾斜身體躲閃並還擊？假如身體不會動，直挺挺地練拳，直挺挺地實戰，若頭就在對方拳頭的前進路線上，就只能用手去格擋，即使第一拳沒被打中，之後也總會被打中。

這樣的動作既不符合拳理，也不符合對抗原理。這樣的練法完全不會產生身法，更沒法兒產生正確的應對冷兵器的功夫。

假如對手一槍刺過來，我們不閃開對方的進攻路線，而只是簡單地用槍左右橫撥，那麼我們很可能會被刺傷。兵器訓練的核心，是身體閃開對手兵器的進攻路線。「拳成兵器就」的意思是，拳法產生的正確身法，能自然而然地應用到兵器中。

現代人練的大桿子和刀，大部分都是身體直挺挺的，完全不符合傳統武術的要求。

我們可以反思一下自己練的內家拳套路，看看自己有沒有把身法融入其中？

立身中正是受力後的結果，是指受力後由身法的前俯後仰、左右旋轉、上下折疊化解對方的力量。前輩們按照拳譜要求，微調身法數十年，逐漸練得從外形上看不出

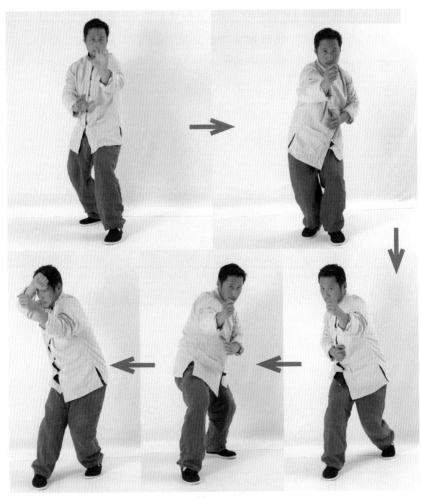

圖68

移動。外形不動則看上去相對立身中正,同時能夠克制對方的勁力。

　　練太極拳的人常講:「大圈不如小圈,小圈不如無圈。」王薌齋先生說:「大動不如小動,小動不如蠕

動。」這些話講的都是練功需要先動身體（圖68，練拳時身法左右變化示範組圖），然後縮小身體的動作幅度。跳過身體大動的訓練，直接不動，等於自廢武功。小孩子如果不會走就直接學跑，幾乎不可能。但是很多人練拳卻跳過初始階段而去追求高級階段，並樂此不疲。

因此，我告訴我的學員，練拳不要怕犯錯，試了再說。剛學會身法運動時，如同小孩剛學會走路一樣，一定會重心不穩，感覺不好。感覺不好才是在學東西。哪有小孩不摔跤就會走的道理？

前文我們說過，練拳就應當讓自己處於不穩定狀態，這樣才是在模擬真實對抗。長此以往，習慣了不穩定，再遇到推手時對手試圖讓我們不穩定的情況，我們就不會被動了，對手反而無計可施、無從下手了。

大家千萬不要沉迷於自我的「良好」感覺之中，自己感覺越好，通常來說越得小心。如果自己的東西不能應用、達不到對抗的要求，肯定是有地方出現問題了。此時要大膽地否定自己，嘗試改變現狀。不犯錯、不疑惑，怎麼可能知道正確的東西是什麼呢？

3.5
雙重：中心與重心的關係

雙重這個概念，

都快把練拳的人嚇死了；

都想避免雙重，

但恰恰成了雙重。

王薌齋先生說得最明白：

「大都由片面之單重，

走向絕對之雙重，

更由絕對之雙重，

而趨於僵死之途。」

「每見數年純功，率為人制，雙重之病未悟爾。」
《太極拳論》中的這句話讓很多朋友感到害怕。大家都不
想自己練了很多年，卻跟人一搭手就被控制。然而很多朋
友恰巧在避免雙重的過程中，離雙重越來越近。什麼是單
重、雙重？下面，我嘗試闡述自己的理解。

首先，單、雙具體指的是什麼？

根據我自己的練習經驗，人都有中心與重心。中心
比較容易理解，就是我們軀幹圓柱體的中軸線。我們在前
文的圓柱體理論中曾經說過，凡是指向圓柱體的中軸線的
力量，都會讓我們站立不穩。因此，我們的身體需要左右

轉動、上下折疊以改變對手的力線，使之不指向圓柱體中軸線。

重心就是我們體重中心之所在，無論是放在左腿還是右腿，抑或兩腿平均分配體重，這都是重心的分配，跟單重、雙重無關。也就是說，就算兩腿平均分配重心，也不一定就是雙重。

雙重（ㄔㄨㄥˊ，chóng）的「重」不是指重（ㄓㄨㄥˋ，zhòng）心。

身體的中軸線跟重心重合，就是雙重，雙重會導致受力之後身法難以變化。

在不對抗的時候，人的中心與重心是相安無事的。人站在大地上，受到向下的引力，能夠站得穩穩的，但是一旦對抗，被前後、左右推拉就站不穩了。在被推拉的過程中，中軸線有向重心移動的趨勢，兩者一旦重合，會讓人難以穩定重心，容易摔倒。

「雙重」中的「雙」是指兩個東西，這兩個東西我認為是中心和重心，它倆重合在一起就是雙重。

我們練拳的目的是出功夫，能夠與人對抗。耄耋禦眾憑藉的是什麼？是高超的中心、重心轉換能力，中心穩定住，重心在兩腿之間轉換。假如中心與重心重合（如自然站立時），這個時候人只有上下勁，不具備前後左右勁，一推就動，站不穩。

還是以第二章中我讓人從背後推我的影片為例。那個過程中，我的中軸線盡量不動，因為中軸線用於掤住對手的力量。中軸線一旦移動就意味著對方的力量大於我們

支撐的力量了，我們被推動了。中軸線一旦歪斜，就很難再調整過來。我在維持中軸線不動的同時由圓柱體的螺旋轉動化解對方力量，由兩胯的變化調整重心，即讓中軸線不動，重心左右調整。

如果慢放這個過程，就可以看出，當對手推我身體左側的時候，我由身體轉動把體重放在了右側。當對手沿著右側找我的重心時，我通過身體轉動又把重心調整到了左側。來回調整重心的目的是使對手的力量作用不到我的重心上。

讓人從背後推我這個動作，我跟學生沒有提前訓練過，偶爾試了一下就成功了。我拍影片的時候也沒練過推手，推手是後來幾年練的。因此大家也完全可以由套路或基本功的空練，訓練出控制重心的能力。

怎樣空練才能具備控制重心的能力呢？答案就是研究中軸線與體重在兩腿間的變化。

洪均生先生明確地把重心與中心的分配安排到纏絲的訓練過程中，並訓練出了很多優秀的弟子，戰績斐然。練習太極拳而不研究中軸線與重心的分配，身體直挺挺地練功，是不對的。

形意拳也一樣。以形意拳的三體式為例，《逝去的武林》寫道，長期站三七三體式，後腿很容易因受壓迫而落下疾病，並且練不出功夫來。大部分人弄不明白雙重的含義，認為體重三七分配就是單重了。

我們做個簡單的受力分析。若我站三體式時將重心放在後腿，讓朋友輕輕地推我的前手。朋友一推，其力就

會直接作用到我筆直的後背上，使我的中軸線產生移動。中軸線向重心所在的後腳移動，產生重合，我會立刻站立不穩（圖69）。這樣的三體式是錯的，站一輩子也出不了功夫。

假如對手推我的時候，我中軸線挪住，重心在兩腿之間變化，對手推我的力量碰不到我的重心，那麼無論重

圖69

圖70

圖71

心在兩腿間的分配是五五還是三七，甚至是九一，都是單重的狀態（圖70）。重心與中心沒有重合，才能與對手對抗。

若站姿錯誤，背部直挺挺的，整個人如同直角三角形一樣（圖71），對手推我的力量就很容易由手臂到達我的背後，令我站立不穩。

回歸到形意拳的三體式站樁。初學者先要保證基本動作正確，這個時候其實五五三體式最好，因為五五三體式不會讓後腿太累。在三體式的訓練過程中，中軸線盡量不要動，可暗暗調整重心，形成三七、一九等不同狀態。訓練出重心移動的能力，才能練出單重的功夫。

所以三體式看似靜功，實際上也是一種動功。拳譜

說：「靜中之動，謂之真動。」薛顛先生說：「樁功慢慢以神意運之。」

普通人重心移動必然伴隨中軸線的移動，但兩者只要有同向移動的趨勢，就容易雙重。這就好比我們抽陀螺時都會盡量讓陀螺自轉以減少其中軸線前後方向的移動一樣。因為一旦中軸線前後亂動，陀螺就很容易停下來。

孫祿堂先生的《形意拳學》中有無極式、太極式、兩儀、三才式等姿勢，陳鑫先生的《陳鑫陳氏太極拳圖說》中也有無極、太極、兩儀、三才等姿勢，它們的具體內涵值得深思。

因年代久遠，我們很難確定老前輩的無極、太極到底指什麼。但是，如果根據前文的雙重理論分析，無極很可能指的就是中心與重心重合的狀態。人先天就具備穩定地站在大地上的能力，所以叫無極。

何為太極？書上經常說，心念一起就是太極，大概就是我們要練拳了，要分開中心與重心了。這個想法一出現，人體就出現重心、中心分離，也就是陰陽對立的狀態，於是一念生故太極生。

隨著身體的變化，中心與重心分離，形成互不干涉的狀態（即所謂的單重），於是產生了兩儀，也就是分開了陰陽。分開了陰陽，我們就能夠利用天地的力量，形成三才。人如何利用天地的力量形成三才，在後文中，我們將詳細討論。

是以在我的推測中，中心與重心的重合即雙重，而我對此推測的解釋是符合前輩們無極、太極、兩儀、三才

的內家拳理論的。

人貴有敬畏之心，我的猜測不一定符合老前輩的原意。研究傳統武術更像是考古，透過自身練拳心得去印證古人的理論。然而這個考古行為對個人的要求比較低，能做到實際對抗即可。武術的學術研究應該是逐步向前的，我提出猜想，希望大家去思索、判斷對錯。

單重、雙重的概念屢屢被人誤解，這種現象不僅僅發生在現代。很多年前，大成拳的創始人王薌齋先生就在他的拳論中說：「今之拳家大都由片面之單重，走向絕對之雙重，更由絕對之雙重，而趨於僵死之途。」

「由片面之單重，走向絕對之雙重」，即為了追求單重而片面地理解單重，把重心完全放在後腿，導致一受力中軸線便與重心立刻重合，所有的體重壓死在後腿，一受力就站立不穩，成為絕對的雙重姿勢。

「由絕對之雙重，而趨於僵死之途」，指由於錯誤地理解單重，反而練成絕對雙重的姿勢。自以為動作正確，但是壓死了重心，在雙重的道路上越走越遠，越練越錯，不能碰，一碰就站不穩，越來越沒根，又僵又死。

現在經常有人問我：

「龐老師，站樁的時候，重心應該放在腳前掌還是腳後跟？」

「練套路的時候，重心應該在腳前掌還是腳後跟？」

問這些問題的原因都是他們想把重心固定在一個點上，不讓重心靈活變化。他們對於重心的理解就是衝著雙

重的方向去的，所以姿勢越來越僵死。

只有直挺挺地練功，重心才會垂直向下，落到腳的某一個固定部位。而真正的鬆沉圓活的練拳或者站樁，反而是要求中軸線固定，重心在訓練過程中不停地變化。如同我站在波速球上被人推，或者我讓人從背後推我的那兩個影片，身形的穩定的原因就是重心來回變化。若把重心放在固定的一個點，對方一推，我就站不穩了。

死樁是錯誤的，其重心一定是固定在一個點上，關節可能會因此受傷。

活樁是正確的，其重心一定是變化的，關節不會長時間受力。

⊞ 3.6
如何正確發力？

不對著人的空發力，叫發力嗎？

為何你空發力很有勁，

搭上手就沒用？

尚雲祥先生說，從輕鬆和諧中找出迅猛、剛實的爆發勁。

不會移動重心，

單憑胳膊腿的力量是很難打動對方的，

搭上手更是沒用。

　　在知道重心能移動的基礎上，就可以聊「發力」這個概念了。很多朋友不僅不具備整力，還把發力這個概念理解錯了，總是伸胳膊伸腿自我較勁。

（一）發力，不對著人叫發力嗎？

　　我曾經看過一些影片，標題寫著「形意拳套路，發力剛猛十足」，或者「太極拳高手發力，空鬆自然」，結果打開影片一看，都是一個人自己表演發力，而不是與人搭上手發力。

　　我們都練過拳，都知道自己空練的時候可能感覺很好，但跟人搭上手就是另外一回事兒了，不像自己空練的時候那麼順遂，甚至會發不出力來。

　　發力不是打空氣，打空氣打得再好，搭手也是沒用的。在人身上有效果的發力，才是真正的發力。

　　大部分人理解的發力都是錯誤的。練大成拳的崔有成先生深諳其中之道，某次聚會上人們請他表演拳法，他說上來個人（對抗），不對著人，怎麼表現拳法的變化內涵？

　　形意拳講明勁、暗勁、化勁，很多人以為這些勁是自己空發力，砰砰砰地震腳推掌就是明勁了。然而《逝去的武林》一書中尚芝蓉先生說：「開始打拳砰砰砰（自己發力），這不對，砰砰砰之後的東西妙著呢。」

　　形意拳是最注重發力的拳法，宗師尚雲祥先生卻說，要從輕鬆和諧中找出迅猛、剛實的爆發勁。輕鬆和諧是自己感覺到的，自己感覺自己沒有發力；迅猛剛實是對手感覺到的，對手感覺你力大無窮！

　　我們現在正好相反了，自己打拳、震腳，感覺剛猛有力，跟人搭上手一點兒勁都發不出。這樣自己跟自己較勁的發力，是明勁嗎？明顯不是！能破壞對方重心，搭手能把對手發出去的勁，才是明勁。

　　勁要看效果，而不是看單獨演練。明勁不是大家以為的自我陶醉式的發力，搭上手能把對手發出去的勁，才是真的明勁。

　　如同前文講過的開胯、開肩、鬆、立身中正等一樣，發力正確不正確，實戰才是檢驗標準。

　　有很多人並不是搭手發力，而是直接推對手的身體，把對方推出，這不算發力。因為哪怕是沒練過武術的

人，也能靠體重把對手推出。

　　真正的發力有兩個前提，一是與人搭手，二是對手不配合。成功的發力是在二者兼備的前提下，能把對手發放出去。

　　其實，真正的發力就是重心的流動。力不用發，動即是力。

　　為何內家拳都要求站樁？因為只有由站樁固定住中軸線，重心能夠在兩腿之間流動，當我們發力的時候，才能不需要努氣、用力，稍微一抖動身體，重心就能從身體的一側過渡到另一側，對手就會感覺到我們力大無窮，而我們並沒有感覺到自己發力。這才符合尚雲祥前輩對發力的定義，才是內家拳追求整勁的真相。

（二）發力與直勁先行無用

圖72

　　發力路線上最常見的錯誤，是勁力方向只有前後，沒有左右和上下，這樣的勁很容易被對手改變方向。

　　例如：常見的形意拳發力或太極拳發力，很多人攢了半天的勁，一拳打出，被對方輕輕一拍，就改變了方向。既打不到人，還容易被別人堵住伸不出手，這都是單一方向

用力的弊端。

這種只在前後方向用力產生的勁，被我稱為直勁，也就是單一方向用勁。造成這種用勁方式的原因是沒有身法。我們設想一下，在上半身挺直的情況下，怎麼發力，勁才能更大？

脊柱不能動，想發力只能靠屈伸手臂，讓手臂發力。

這種靠手臂屈伸發力的方法產生的勁的方向非常單一。當我們手腕向前、手肘向前、肩膀也向前的時候，整個手臂如同木棒一樣不分陰陽（圖72），很容易被對手從上下、左右方向施力改變打擊方向（圖73）。

直勁在前後方向上力量很大，但是被對手簡單地用一隻手左右、上下一撥，打擊方向就改變了。

內家拳用的是巧勁，練的恰恰應該是如何避免直線發力，如何用左右、上下勁改變對手的發力方向。若一發力就是前後力，自己成了千斤，被對手用四兩勁撥開，就大錯特錯了。

僅屈伸手臂，只是前後的力量，但如果加上震腳，將震腳一瞬間體重快速下墜的力和屈伸手臂的力量合在一起，是不是就顯得特別有力了呢？這種發力方式在目前的形意拳練習過程中比較常見。

然而，搭手過程中，要震腳必須先抬腳，若此時對手前衝給力，很容易讓我們的三角形不穩，丟掉重心（圖74）。

在《鄭子太極十三篇》中，鄭曼青前輩回憶道，楊

圖73

澄甫先生教授其推手時講「推手需找到一條直線方可發」，這句話實際是本章要講的內容之一。把對手的直向力量向中軸線兩側引開後，對手就會門戶大開，我們就可以長驅直入衝過去撞擊其重心，形成這樣的狀態，才可以發勁。

如何才能讓對手被動，形成我順人背之勢？自然是

圖74

最後才發直勁，先用左右、上下的力量改變對手直勁的方向，等他無力可施了再用直勁。

因此，為了避免直向發力，內家拳的套路設計大都摒棄了快速的步伐移動，用看上去慢吞吞的兩腳站在原地的練法，訓練身體左右旋轉、上下折疊，重點練習的是身體的圓轉之力，也就是圓柱體的化力、發力。這些套路要求我們不能兩腳亂動，只能左右、上下變化，掌握主動，而發直力恰巧是與對方頂抗，等於說是把我們放在了最被動的情況下。

好多朋友認為內家拳練弧線打擊不合理，在時間上比直力慢了。這是以想當然的思維分析拳法。但凡考慮到三維空間以及對抗中的阻力，就會知道，兩點之間並非走直線最快。

舉個大家都知道的例子。根據地圖，中國飛向美國的航線，直接橫跨太平洋最近，因為兩點之間直線最短。然而事實上，中國飛向美國的航線是沿著白令海峽繞一圈，為什麼不直接朝著美國飛呢？

原因之一就是地球是圓的，看上去是直線的飛行路線，實際是弧形的。繞著白令海峽飛行在地圖上看遠，然而並不比所謂的走直線多繞彎路。

我們生活在一個立體空間裡，如果我們直線進攻對手，對手自然會對我們進行上下、左右的拍擊。我們的直線發力通常會被改變，達不到直線施力的目的。考慮到重力以及對手的阻擋，直線並不是最佳的路線。

考慮到對手向下的力量的阻隔，我方的發力必須是向前並且微斜向上，才可以與對手的力量成為合力，保證命中對手的打擊方向是向前的（圖75）。

如果對手的力量是向左偏移的，我們的力量必須沿著弧線向右才能與其力量合起來，產生向前擊打的力量。

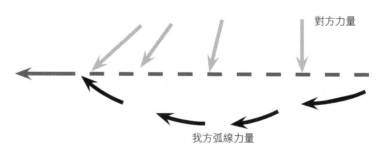

圖75

（可掃描前摺頁的 QR Code 觀看相關影片講解）

內家拳的動作在設計之初就考慮到了對手的阻擋。我們在弧線發力的時候，都得迎著對方來力的方向，施加一個反方向的力，使兩股力在接觸後能夠合二為一，合力依然維持向前擊打的角度。

形意拳將這種不會被人改變打擊方向的能力叫作「守中用中」；八極拳把它叫作「十字力」；大成拳把它叫作「持環得中」；太極拳把它叫作「得勢掙來脈，奧妙在轉關」，「來脈」就是對手來力的方向，「轉關」就是我們迎著對方來力改變對手力的方向的瞬間。

這種在與對手接觸前就具備的力量，形意拳中稱「先天力」，或者「橫豎力」。即橫用於左右方向的力量不會被人改變，豎用於上下方向的力量也不會被人改變。

如果形意拳不具備這個先天的橫豎力，打出去的拳就會被對手輕易地改變方向，以致打不到對方，而且達不到催根的內家拳要求。

大家還記得黃宗羲前輩是怎麼定義內家拳的嗎？「所謂『內家』者，以靜制動，犯者應手即仆。」直勁無法撼動對方的重心，不可能達到犯者立仆的效果，所以發直線力的拳法不是內家拳。

如果我們練的是真正的內家拳，不僅對手改變不了我們的方向，而且在他嘗試改變我們方向的時候還會被拔根而站不穩，前提是我們得具備橫豎力。我會在後文中具體講解這個概念。

罒 3.7
太極拳與圓勁無用

圓周運動遇到阻力就會被卡住。

形意拳的直勁先行無用，

太極拳的純圓力量一樣無用。

所以太極拳練的不是圓勁，

而是 S 形的勁路。

形意拳中比較常見的錯誤是發直勁，太極拳中比較常見的錯誤是練圓勁。圓勁在實際對抗中，跟形意拳中的直勁一樣無用。

以陳式太極拳的纏絲動作為例，以手腕為中圓點圓形轉動，其軌跡通常如圖 76 所示。

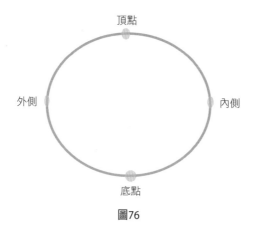

圖76

圖77

　　假如讓朋友在纏絲過程中，在圓形的頂點、底點、內外兩側，用兩根手指阻擋你的運動。

　　例如：在向內收四分之一圓的時候，用手鉤住你的手臂，你試試還能不能將纏絲收回來？

　　或者在向外旋轉出去四分之一圓的時候頂住你，你試試還能不能將手伸出去？

　　如果您無法繼續旋轉下去，那就是您練的纏絲動作出問題了。圓勁遇到對手阻擋的時候，跟直勁一樣，容易被對方的力量頂住（圖77）。

　　為什麼會這樣呢？

　　第一，圓周運動遇到任何阻力都會立刻被迫停止轉動，無法繼續。

　　單純的腰轉或者手轉，只做簡單的圓周運動，遇到阻力就會立刻被卡住。

只有如前文所述，用兩個以上的圓轉動的方式（如齒輪絞殺模型），才可以化解、破壞對手的力量。因此，洪均生先生把太極拳的纏絲分成了基礎的兩部分：公轉與自轉。公轉指的是腰的轉動，自轉指的是手臂的轉動。

為何有的人明明注意腰與手臂的轉動了，卻還出不了功夫呢？問題在於腰與小臂的配合，也就是公轉與自轉的配合。手臂必須在腰轉動的同時轉動，早一分晚一分都不對。如同齒輪咬合結構一樣，如果兩個齒輪不咬合，肯定起不到克敵制勝的作用。

齒輪傳動時，只有大小齒輪一起轉才能提供動力。如果兩個齒輪沒有精密咬合，也就是大齒輪轉時小齒輪不轉或小齒輪轉時大齒輪不轉，肯定沒法兒傳動。

很多朋友腰（大齒輪）轉的多，手臂（小齒輪）轉的少，於是腰勁過渡不到手臂（影片中有詳細講解）。

腰沒有轉動，自己容易意識到。但是手臂沒有轉動，很多朋友意識不到。很多練習纏絲的朋友都是抬著胳膊肘練功。

大家思考一下，手臂怎樣才能自轉？在手腕固定、手肘固定的前提下，手臂的左右轉動才叫自轉。但是大部分人抬著胳膊肘練拳，手腕定點了，但是手肘一直架空，沒有定點，所以手臂沒法兒自然轉動。

大家抬著肘纏絲的時候，肘關節根本起不到定點的作用，一直在y軸也就是上下方向上運動。雖然大家自己感覺手臂轉動了，但實際上由於兩端沒有定點，這個轉動是無效的，手臂的實際轉動很小。

這也是洪均生先生所傳陳式太極拳的特點。

第二，大部分人在練習纏絲的過程中，中軸線左右移動，出現了雙重問題。

圖78

圖79

　　圖 78是常見的中軸線移動錯誤的示範，該圖所示的中軸線從初始位置做前後移動。在這種情況下，一旦對方推我，他的力量立刻會壓到我後腳，導致我站立不穩（圖79）。

　　在搭手過程中，如果我們中軸線向前移動，對方一定會阻止我們，而我們與對方的力量頂抗的反作用力會作用到我們的重心，讓我們站立不穩。

　　為何洪均生先生教授出來的高手比較多？他的教學系統是先透過基本功固定中軸線，然後進行纏絲的訓練。而且在纏絲過程中細節要求非常具體，包括手與腰的配合、中軸線與重心的變化、轉動的角度等。

　　陳式太極拳的纏絲比較注重手臂豎向的圓轉。而楊式太極拳非常重視腰部的平轉，也就是在水平方向上進行圓轉畫圈。如楊式太極拳的野馬分鬃，就是讓手臂在腰的

圖80

帶動下進行圓周運動（圖80）。

　　如果我們從上往下看，就會發現這是以頭頂為圓心、以胳膊為半徑的一個圓周運動。如上文所述，圓周運動最大的問題就是，別人在圓圈的任一點阻擋一下，我們的運動就會被卡住、頂住，無法繼續。這不符合鬆沉圓活的要求。

　　從這個方向去考慮，任何迷信單一圓周運動、不考慮多個圓形複合修煉的拳法，都很難形成正確的勁路。

　　也就是說，練這種拳法，花的時間越多越容易形成錯誤的行為習慣。真正到了推手或者對抗的時候，對方一抵抗我們立刻頂牛，永遠找不到正確的內家拳的勁。

　　大家應該聽說過太極拳有「亂環訣」這個說法，亂環，自然不是一個圓形，而是多個圓形的複合。陳式太極拳的纏絲也是從腿到腰，再過渡到手臂，環環相扣。

圖81

假如大家身上有了多個圓形，手臂畫圓，身體也畫圓，至少構成兩個圓形的複合，那麼兩圓相交會形成 S 形曲線，如太極圖中陰陽相交處的 S 形曲線（圖81），這是內家拳修煉的核心內容。

假如手臂是一個圓柱體，身體是一個圓柱體，兩個圓柱體同時轉動、擠壓交叉，會自然形成一個 S 形曲線（圖82）。

可以說，單一的圓是無用的，只有身體上具備了 2 個及以上的圓的複合運動，才能產生前文我們所講的齒輪絞殺模型，也就是具備了 S 形彎曲的力量。

真正的纏絲功法是非常縝密的，腿上有螺旋，腰上有螺旋，手臂有螺旋，頭上有螺旋，多個螺旋的複合會在周身各個部位形成多個 S 形的力線。這才是真正陳式太極拳的核心。

很多朋友會說，我們練習吳式太極拳、孫式太極拳，不講纏絲。關於其他流派太極拳有沒有纏絲的問題，

圖82

有一個洪均生先生的影片講解。

　　他說至少他生活的那個年代，他接觸的吳式太極拳是有纏絲或者螺旋的。洪均生先生出生於新中國成立前，見過很多大師，我覺得他的見識要比我們廣多了，他所講的東西是可信的。

　　陳式太極拳單獨把 S 形曲線抽了出來，並稱之為纏絲勁。這個概念比較抽象，難以理解，是為了保證功法的私密性，少部分練出來的人能懂，大部分人不明白其中的奧秘。

　　形意拳的撐裹鑽翻、八卦掌的拱撐如掏繩，也一樣是講周身的 S 形螺旋力線。

　　因此，練拳時僅僅練手上擰轉是不夠的，真正核心的是身法、腿法上的螺旋。周身所有部位都有螺旋了，才是真正的撐裹鑽翻。

　　S 形曲線應用十分廣泛。以手槍中 S 形膛線為例，子彈的動能完全由底火控制，如果我們摳開子彈倒出火藥，用火柴點燃，僅僅會發出「噗」的一聲，沒多大力量，但是因為槍的 S 線結構非常穩固，火藥爆炸的力量加上S形膛線的加速，會令子彈產生有力的旋轉，可以穿透物體和殺傷對手。

　　這就跟我們練拳差不多。站樁的目的是讓我們形成穩定的結構，如同槍的槍膛；蹬地的力量透過大腿圓柱體、腰部圓柱體、手臂圓柱體的轉動逐漸增大；S 形的走向增加自身的打擊力以及穿透力。因此，練功理論是一環扣一環的，站樁、定步訓練、動功訓練，任何一個步驟上的失誤，都會讓大家偏離功夫軌道。

　　我曾經天真地認為，練功不需要懂那麼多理論知識，憑著一腔熱血練就行了，十幾年之後才幡然醒悟，傻練並不能產生功力。理論不清晰的時候，任何一個不對的地方，都會讓我們走向歧路。

　　學功夫還是需要先明理，沒有清晰的理論基礎，功夫很難有長進。

3.8
人體的立圓與平圓

> 如何真正地練出 S 形曲線？
>
> 人體由很多圓柱體構成，
>
> 有橫的，有豎的。
>
> 相鄰圓柱體的摩擦，
>
> 構成了 S 形曲線。

如何真正地練出內家拳中的 S 形曲線？關鍵就是練出身體的平圓、立圓。

什麼是平圓？

我們在前文講過，透過軀幹圓柱體左右的轉動，可以很容易讓對手的力量偏移，然後利用優勢角度撞擊、發放對手。

在這個過程中，軀幹圓柱體左右轉動，也就是腰胯沿著水平方向左右轉動所形成的圓就是平圓。

什麼是立圓？

以形意拳的鑽拳為例，鑽拳的線路就是一個上下方向上逆時針的圓形（圖83）。

一旦接觸到對手的直向力量，很容易把對手撬動起

圖83

來,造成對方拔根。

　　劈拳的線路是一個上下方向上的圓形(圖84),它可以在與對手接觸的時候,改變對手力量的方向,並將之引進圓形,然後我們就可以用身體撞擊對手。

　　無論是逆時針還是順時針,這種上下方向運動的圓都可稱立圓,都可以很好地改變對手的直向力量。先用平圓化解對手的一部分力量,再用立圓化解一部分力量,之後的局勢通常就會對我們有利了。

　　人體如何形成平圓和立圓?

　　形成平圓比較容易理解。人體是由多個能夠左右平轉的圓柱體構成的。

圖84

圖85

圖86

如圖 85 所示，腰可以左右轉動，頭、小臂、大臂、小腿、大腿也可以左右轉動。以腰部圓柱體和手臂圓柱體為例，在這兩個圓柱體轉動的過程中，摩擦的圓柱體可構成 S 形曲線（圖86）。

太極拳纏絲的核心就是用 S 形的彎曲曲線，去改變對手勁路的方向，斷對手關節，或者捋採對手勁路。

立圓這個概念就比較難以理解了。實際上，人體的很多部位不僅可以左右轉動，一定程度上也可以上下轉動。

例如，我們單純看胯骨的話，胯骨可以上翻，也可

圖87

以向下翻。比如日常生活中有的人骨盆前傾，就是骨盆向前向下翻了。

為什麼站樁能夠改善骨盆前傾？因為形意拳中的兜尾閭可以使我們的骨盆後翻，與骨盆前傾的方向相反（圖87）。因此，我們可以將骨盆想像成一個圓柱體，它可以在上下方向上翻動，構成立圓。

胸腔也可以看作一個圓柱體，一旦做到空胸，整個胸腔就可以脫離肩窩的空隙，上下運動。我們的大腿骨也是一個圓柱體，它可以適度旋轉，當我們下蹲的時候，圓心是膝蓋，半徑是大腿骨。

我們身上至少有以上三個部位可以構成立圓轉動。受關節活動角度限制，立圓轉動不可能形成完美的圓形，但是，這在對抗運動中已經足夠了。幾個立圓的旋轉，可以產生多個圓柱體的滾動擠壓，形成獨特的角度以擊敗對

手。

　　大家用平圓跟立圓的思維去思考內家拳，就能體會到為什麼說內家拳是球形勁了。地球儀上有經線、緯線，縱橫交錯地構成球形。人練拳時也有立圓、平圓，縱橫交錯構成球形勁。人若真的把平圓、立圓練好，就會像魔方一樣，可以橫轉、豎轉，改變對手的勁路，靠近並碾壓、傷害對手。

　　如果在練拳過程中只注意手臂的運動，身體就得不到平圓、立圓的訓練。而練拳的關鍵就是把身體上的圓柱體開啟。練拳時無論缺了哪一個方向的訓練，在對抗的過程中都不容易做到得心應手。

　　因此，太極拳要求的胸腰折疊，形意拳、八卦掌要求的含胸拔背、鬆腰落胯、氣沉丹田、虛領頂勁，都是圍繞著平圓和立圓的建立打造的。

　　王薌齋先生經常說「持環得中」，意思是人都有立環與平環，我們可以透過左右的轉動改變對手來力的方向，也可以透過上下的轉動化解對方的力量，以維持自身的中正。而將來力化解開了之後，向前邁一步就能把對手撞擊出去。實際上我們的理論與前輩的觀點是一樣的，我們並沒有創新，只不過是透過現代語言為大家講解其中的含義。

　　可以想像，我們的整個身體，處處都存在 S 形曲線。人體實際上是一個非常精密的儀器，這個精密的儀器在武術中，特別是內家拳中得到了充分的開發。

3.9
人體的x、y、z三軸

到了本書的理論核心了。

什麼是真正的支撐八面、勁力周全？

透過幾何學的x、y、z三軸，

很容易找到拳法中我們缺失的內容。

按照我們上一節的理論，人在左右方向進行的平圓轉動，可以用幾何學中的 x 軸表示；在上下方向進行的立圓轉動，例如：折疊胸腔等，可以用 y 軸表示。前文所講的形意拳的直勁，只具備一個向前延伸的力量，也就是前後方向的力量，可以用 z 軸表示。見圖 88。

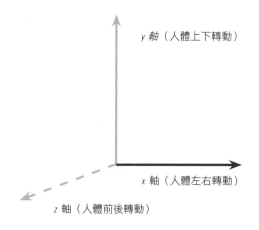

圖88

在練拳過程中，鍛鍊左右、上下、前後，也就是 x、y、z 三軸的運動，才叫真正的練拳，才是在正確地找勁。

前文講的錯誤案例的實質就是，一掌劈出或者一拳打出之後，被人輕易沿著 x 軸（*左右*），或者沿著 y 軸（*上下*）施力改變了方向，暴露的是缺少 x 軸（*左右*）和 y 軸（*上下*）的力量的問題。大家簡單地用兩根手指檢測，就能發現其中的問題。

前文說太極拳的單一圓勁無用，就是因為它只有 x 軸的運動，缺少其他兩個方向上的運動。

練太極拳時兩腳固定，旋轉身體，在很大程度上鍛鍊的是左右，也就是 x 軸的力量，同時它也在鍛鍊 y 軸，也就是上下方向的力量。但是由於轉動的角度不夠或者過大，導致我們 x 軸的左右轉動不到位，很難化解掉對方的力量。

大部分人不注重胸腰的折疊，不注重立圓，所以 y 軸的力量始終沒有練到，壓根兒就沒有上下勁。同時由於步伐運動不靈活，缺少前後勁，即缺少 z 軸的力量。無論是缺少哪個軸的力量，都無法讓我們形成支撐八面、勁力周全的狀態。

形意拳的勁力周全是什麼？

就是當我們伸出手，既可以扛得住對方左右的橫撥（x 軸），又能扛得住對方上下的壓迫（y 軸），還能扛得住對方前後的阻力（z 軸）。

所以我們在這一章重點提出內家拳坐標軸的概念。

大家回想一下自己練功時的動作做出來之後是否具備三個方向的力量。如果一手出去，總是缺乏另外兩個方向的力量，那這種練功方式大概率是不對的，這也是我們設計兩根手指實驗的目的。

具備了左右、上下、前後三個方向的力量才叫找到勁了。這本應該是最基礎的東西，但是現代大部分人做不到。

3.10
由坐標系引申出的發力的三個過程

很多人喜歡發力，

但對發力有認知誤區，

以為發力是最後抖動的那一下，

其實它包含了 3 個階段，

任意一個階段被打斷都無法形成正確的發力。

建立了坐標系的認知，我們再來分析內家拳的發力過程。內家拳發力至少分為 3 個階段。

（1）發力的起始階段。這個階段如果無法克服對手的阻力而被堵住，壓根兒發不出力。

（2）發力的過程。這個階段不能讓對手改變我們的打擊方向。

（3）發力的末尾。這個階段需要打擊對手，對手肯定會全力抵抗，不讓你發出力來。如果破壞不了對手的抵抗，不能把整個體重拋放出去，發力效果就會大打折扣。

很多朋友練習發力時只注重第三個階段，也就是我怎麼用 z 軸的前後勁打擊對手，卻忽略了如果前兩個階段的發力被迫中斷或者改變方向，我們根本沒有機會進行到第三階段。

　　以形意拳的劈拳為例，它大概分成以下 3 個動作
（圖89）。

圖89

（1）右手從丹田提到胸口。

（2）右手從胸口向前打出，約與下頷平齊。

（3）左手從丹田經胸口向前打出，約與下頷平齊。

在這3個動作中，力量分別在上下、左右、前後方向上運行，構成了劈拳的練功方法。如圖89所示。

衡量拳能不能用，需要考慮遇到來自對手的阻力。

（一）發力的起始階段

讓人摁住你的手，阻止你將手從丹田提到下頷，你會發現手根本提不上來。因為把手臂從丹田提上來走的是上下的直勁，沒有身體的參與。發力在起始階段就被打斷，自然不可能發出力，就如同射箭，在拉弓的起始階段就被別人摁住手，拉不開弓，自然無法放箭。

圖90

在劈拳的第二個動作中，手從胸口往前劈出的時候，如果對手施力阻擋，我們很可能克服不了對手的阻力，手劈不出去。因為這時候出拳走的是純粹的直勁，若對手抵抗的力量完全頂住我們，我們不僅動作做不出來，還會被對手推倒（圖90）。

（二）發力的過程

大部分練習內家拳的朋友沒有橫豎力，一拳打出，被對手輕鬆一拍，方向就改變了。例如：劈拳中的第二個動作，後手從胸口向前打出時，對手輕輕橫撥就能改變我們出拳的方向（圖91）。

所以在形意拳的套路練習中，如果我們只用直勁的話，可以說是漏洞百出。既克服不了阻力，也容易被對手改變發力的方向。直勁會讓整個手臂如棍子一樣，很容易因對手左右、上下的拍擊而改變方向。這絕對不符合形意拳勁力周全、撐裹鑽翻的要求。

這樣來看，前面所做的劈拳的 3 個動作都是錯的，合起來肯定對不了。正確的練習方法，是從動作一開始就

圖91

考慮到來自對手的阻力，每個動作都用身體和手臂的旋轉化開對方的力量。假如對方阻擋我們的動作，他就會被拔根發出。這才是身法與手法配合，才是劈拳的正確練法。

太極拳也是一樣，以陳式太極拳的掩手肱錘為例。這個招式大概可以分成 2 個動作：手從腰間上提至胸口，拳頭從胸口衝出。

在這個過程中，如果我們只走直勁，對手用兩根手指不讓我們向上抬手，我們的手很可能是抬不上去的，若對手頂住我們發力的第二個動作，我們也是打不出去拳的，或者會站立不穩。

就形意拳的劈拳或者太極拳的掩手肱錘這兩個招式而言，大部分人練的是錯的，所以受力之後無法克服阻力，更不可能在真實對抗中應對對手靈活的阻擋。

想要發前後的力量，必須要有左右、上下的力量做輔助。待左右、上下的力量改變了對手的力量方向後，再發前後力量，才不會跟對手頂抗。當我們形成了勁力周全的習慣，一出手就是螺旋的勁力，理論上，對手如果格擋，應該會被拔根，但這一點，搭手時才能體會，文字很難描述出來。

因此，如果大家想發力，必須得先有力。

要先建立橫力跟豎力，讓勁力周全，然後再進一步談明勁、暗勁、化勁。還要練習螺旋勁，把橫豎力量都集中起來。

現在大家能明白為何形意拳講勁力叫擰裹鑽翻，太極拳講勁力叫纏絲勁吧？它們都是把 3 個方向的力量擰在

了一起。

但是前提是我們得先有3個方向的勁力，因此，大成拳提出了「試力」的概念幫人們找到勁力，這是王薌齋先生在他的武學基礎上做出的努力。

三大內家拳針對 3 個方向的力量都有清晰明瞭的練法，但當找到自身的勁力之後，想提高應用的功夫，就得考慮對手的反應了。

八卦如推磨，太極如摸魚，形意如抓蝦。大成拳特別強調練拳要體會阻力。什麼叫體會阻力？很多老師會跟大家說，練太極拳的時候要想像自己正在水中摸魚，體會水的阻力；練形意拳要體會在水中抓蝦，要克服水的阻力；練習八卦掌要想像自己在推磨，因為磨會給你一種沉重的阻力感，甚至要走蹚泥步，克服泥地的阻力……這些說法都非常籠統。

具體而言，如果按照我們發力的 3 個過程來分析，就是做到以下幾點。

（1）在動作起始階段，要考慮到來自對手的阻力，力要能夠出得來。

（2）在發力過程中，當對手想要改變我們的打擊方向的時候，要能保持得住，不被對手改變。要能夠把對手的力分開，依然打向原定目標。

（3）最後發力的時候，即使對手全力抵擋，我們也可以用整個體重把對手撞飛。

這樣，每個目標都不是虛擬的，而是切實存在並可以做到的。

　　實際上，在以上3個過程中，無論是哪一個過程，對手阻擋我們的力量總會在某個方向上有所側重。或者偏向前後，或者偏向左右，或者偏向上下。

　　以對手的力量偏向前後為例，我們需要用左右、上下的力量改變對手的力量方向，讓它不指向我們的中軸線，這樣一來，我們就能很輕易地做到打擊對手。因此，所謂的體會阻力，實際就是按照 x、y、z 三軸的方向，假設我們自己的動作被對手阻擋。通常對手阻擋的方向與我們想要出手的方向相反。能在空練動作時體會阻力，就能在實際應用中克服阻力，可以說就已經具備功力了。

　　王薌齋先生說「炸力無斷續」，x、y、z 三個軸上的力量都具備，對方格擋的瞬間其力量就被分解，碰上了就被打出去，這叫炸力。

　　炸力和驚力還是不太一樣的。炸力講的是力量像爆炸一樣，向四面八方膨脹，別人阻擋不住。驚力通常是指引進對手的力量，令對手失重的同時受到擊打，對手通常驚慌失措、如臨深淵，其感覺的來源是力量被引化。驚力產生的傷害是非常大的。

　　關於驚力的講解，大家可以掃描前摺頁的 QR Code 觀看相關講解影片。

3.11
關於練功的層次與學習的方式

如何從初級一步步過渡到高級？
從我的親身經歷，
以及現在的摸索來看，
這個過程大概分為9步。

我認為內家拳勁路學習一般分為以下幾個階段。

（1）初學者，只有前後直勁，即所謂的笨勁或者本力；跟人搭手就頂，即使贏了對方，對方也不服氣。

（2）有了左右的力量，可以化解對手一定的勁力；能夠跟人對抗，在當地業餘武術練習者中具有一定影響力。

（3）具備上下、左右、前後的力量，是當地武林中的佼佼者，受到很多人追捧。

一般人口中的高手就是這樣的人。到了這個階段，內家拳就已入門了，再努力就可以漲功夫了。

參照書法的學習階段，以上幾個階段，不過是做到了橫平豎直。因為3個方向的力量始終還是工工整整的。想要提高還得往奇正相合上靠攏，也就是下面的階段。

（4）抻筋拔骨，關節擰裹。

能不能透過關節的固定及鎖死、手腕肘膝在空間定

位形成擰轉強健筋骨，是高手與庸手最大的區別。過了這一關，就有追趕前輩功力的可能性了。抻筋拔骨是「知己」的功夫，想要在應用上得心應手，就需要「知彼」的功夫了。

（5）身手分家。

《太極拳論》云：「主宰於腰，形於手指。」練拳到了最後一定是身體的運動遠遠快於手，這樣才能做到跟人對抗之時，在搭手的一瞬間，接觸點不變，但是身體已經變化，形成我順人背的狀態。因我們手動得慢，對手感覺不到變化，還以為自己得機得勢而加大攻擊力度，就會正中我們下懷。

（6）螺旋擰轉。

透過之前的抻筋拔骨與身手分家，把筋肉嚴格地擰轉到一條線上。搭手就是螺旋力，勁像槍一樣扎著對手就進去了，對手始終處在劣勢。

我現在在強化第 5、6 階段，透過形意拳的鍛鍊，理解了太極拳的內容，並透過八卦掌的訓練，完成了斜 $45°$ 勁力的鍛鍊。我自知功夫尚淺，一直在學習中。看到本書的老師，如果水準比我高、願意教導我，也歡迎跟我聯繫。

（7）周身放大。掌握了抻筋拔骨，自然面臨著肩胯活動範圍擴大的問題。

從一定程度上來講，肩胯活動範圍擴大是指肩胯關節之間的空隙變大。大家可以看看劉奇蘭之子劉殿琛先生的著作《形意拳術抉微》，書中劉先生的肩胯伸展度遠遠

大於其他前輩。民國時期那麼多老前輩出書，我覺得最體現自身功夫的應該就是劉先生了。大家只有水準夠了，才能從前輩的拳照、拳譜中發現更多奧妙，這個過程急不得。

　　我也在朝這個階段努力。周身放大主要靠正確地站樁，以及用正確的方法練習動功。

　　（8）氣沉丹田，力從地起。

　　（9）陰陽相濟，觸點即發。

　　目前我根據自己見過的老師、經歷過的階段，大概能看到這麼遠，可能再過幾十年，感受到的東西就又不一樣了。

　　人都是活到老學到老。武者本應一生都在學習中，是以在本書開頭，我自稱為小學老師。可能隨著功力進步，自己的水準能夠提高到相當於初中或者高中老師。

　　按照本書所講的原理，我們的教學流程很容易幫大家提高到第5階段的水準。這裡的「提高」，不是你的自我感覺，而是能夠在真正的對抗過程中體現出來。

3.12
網課到底好不好？

武術教學的核心是，

學生學到正確的練功方法，

老師看著學生的動作，

及時糾正其錯誤。

網課除瞭解決不了必須手把手才能解決的問題，

大部分教學目的是可以達到的。

我們有網路課程以及實地培訓兩種教學模式，但有一部分同行很反感網課的教學模式。也有一部分學員好奇到底能不能透過網路學功夫。

武術肯定是手把手教才能學得更好，但是網課學習可以節省大家的時間跟金錢。我給大家算個賬。

（一）實地教學肯定效果最好，但是花費高

我在山東泰安。如果從浙江某地坐高鐵來泰安，來回車票近 1000 元，住宿 3~5 天近 1000 元，實地教學學費 3000 元。一趟 3~5 天的短期學習，至少需要 5000 元的金錢成本，3~5 天的時間成本。

如果沒有基礎，來了之後需要先學習與網課內容一樣的東西──站樁。而網課只需要 300 元。

學習基礎的站樁，一個課程大概能練 3 個月。

是花 300 元自己練 3 個月，提前打好基礎，再花 5000 元實地提高好，還是花 5000 元學與 300 元的網課幾乎一樣的東西，回去鞏固，再花 5000 元來實地提高好呢？

（二）實地教學耗費的時間更多

雖然現代交通便利，出遠門已經不是問題。但離開工作崗位會帶來各種不便。

很多朋友事業發展得很好，不缺錢，但是時間緊張。網課可以為大家節省時間，何樂而不為呢？

（三）網課不是自學，老師會進行指導

大家現在太注重學的過程，而不注重改的過程。透過網課，老師能突破距離限制幫大家糾正動作。

隨著本書的講解，大家會發現內家拳的原理實際上非常清晰，一張展示動作的照片在懂得的人眼中，能暴露出大量的問題。

所以在網課上，老師可以根據照片幫助學員改正動作。比起過去把老師請到家中住著指導，學員花費的時間、精力真是少多了。

當然網課也有其不足，例如很多上了年紀的朋友不會用，這種情況只能透過老師全國遊走教學的方式解決。

---

* 上述金額皆以人民幣為單位

我本人喜歡到處跑，目前去過山西祁縣，浙江寧波，廣東廣州、深圳，湖南長沙等地。每到一處，我都會組織實地教學，方便學員就近學習。今後我會繼續採取這種方式，以解決很多朋友不會上網課的問題。

形意拳部分原理
及解析

　　我們的形意拳初、中級訓練流程見圖92。初級的教學大概是按照渾圓樁與結構、鑽拳1、鑽拳2與變軸、三體式、三盤落地、虎形、發力與理論、單手崩拳蹚步這樣的一個流程訓練。

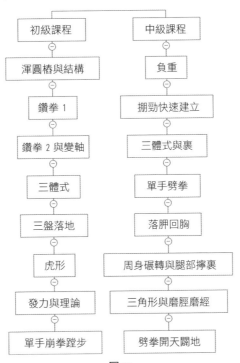

圖92

圖93

圖94

　　為什麼先要練習渾圓樁（圖93）？前文講過，練習渾圓樁是為了建立身體上的三角形結構。但是僅僅靜止狀態下的練習是不夠的，拳法畢竟是用於實戰的東西，要動起來依然有掤勁，只能靠動功訓練。

　　既然第一個訓練是靜止的，那麼下一個訓練安排運動的平步鑽拳（圖94）會比較好。這樣既可以讓已經具備的靜態結構運轉起來，又可以動靜結合，使枯燥的訓練變得有趣。

　　建立了鑽拳的結構後，就該練習三體式（圖95）了。定步鑽拳不過是個過渡流程，最終形意拳的所有動作都應該在三體式的狀態下進行。三體式會了，平步鑽拳自然就會變成三體式狀態下的鑽拳。

　　渾圓樁、鑽拳、三體式這三個內容主要訓練我們左右轉腰的力量。但人不是只能左右轉腰發力，上下彎曲脊柱也能發出力來。在形意拳中，上下彎曲脊柱發力主要是

靠劈拳練習的，然而劈拳對椿功的要求非常高，沒有兩三年的三體式功夫，很難掌握單手劈拳。

因此，在持續深入練習三體式的過程中，要先學會虎形（圖96）。

虎形的發力與劈拳大致相同，兩手擊打很容易把對手發放出去。因此，先訓練虎形活脊柱、學身法，隨著三體式的進步，自然而然就能掌握劈拳。

這種訓練方式有助於朋友們檢驗自己的動作對不對，如果能把人發出去，動作就對了。

透過這樣的訓練，左右勁、上下勁大概都找全了，然後再練習形意拳特有的蹚步，把上下、左右勁集中在前後步伐上，3個方向的力量自然就都練出來了。

圖95

蹚步是經過諸多前輩檢驗的強大的形意拳專項素質訓練。按照課程的具體安排一點點學習，大家一定能感覺到進步。

圖96

⊞ 4.1
什麼是三體式？
三體式為何能溝通天、地、人三才？

三體式為啥叫三體式？

它為何能夠溝通天、地、人三才？

溝通天、地、人有什麼作用？

這些問題不搞清楚，

三體式就掌握不好。

　　很多朋友好奇，為什麼形意拳三體式站樁叫「三才樁」，號稱能溝通天、地、人三才。古拳譜稱三才式乃「取天地之中合之道」而成，這個概念比較難理解，然而真的有功力之後，你自然就能明白。

　　人是溝通天與地的通道。人如何溝通天地？

　　心意拳中有一句話特別好：「恨天無把，恨地無環。」如果天有把手，我們就可以拽著這個把手把天拽下來。地要是有環，我們就能提著這個環把地抬起來。這是形容人體的整勁很大。

　　用現代話說就是，人從高處往下落的時候，會有一個向下砸的力量，這個力量非常大，可以把對手砸倒在地。人從地面往上跳的時候，會有一個向上的衝擊力，這個衝擊力可以很輕易地把人背起來離開大地，也可以把人

打出。

　　只要練好了三體式，就能夠熟練地應用自身的體重下墜、蹬地上衝這兩股勁，就可以藉助從天而降的力量及蹬地而起的力量打擊對手。很多拳都有降龍、伏虎二法，降龍是利用天的力量，伏虎是利用地的力量，與三才的說法本質上並無區別。

　　所以在古譜中，三體式又被稱為「三才椿」，由椿法掌握天、地、人的關係。只要具備了功力，站好了三體式，就能夠靈活地借用天地的力量。

　　三體式這個椿法裡本身就有向上、向下的矛盾的力量，把人體的狀態分開陰陽。但大部分朋友基礎站姿都不對，上來就校二十四法，所以出不來功夫。

　　錯誤的站椿姿勢會形成一個不分陰陽的囫圇個兒，經不住左右、上下、前後的力，此時追求二十四法是沒有意義的。地基有了，才能研究如何搭建上面的建築。拳法訓練步驟千萬不能錯，不然就會像小學生研究大學功課一樣很難進步。

　　正確的練法是先做到姿勢正確，尋找出身體的矛盾對立，再找到相反的力量，二十四法自然上身。要知道，二十四法的要求很高，是老前輩們經過很多年的訓練自然形成的。初學者上來就校二十四法，經常站不了幾分鐘就自己累得扛不住了，沒有時間去思考身體的陰與陽。

⊞ 4.2
三體式是形意拳的基礎

什麼是濁勁？

什麼是功夫勁？

濁勁最大的特點是方向單一，

而功夫勁可以讓自己無懈可擊。

很多前輩都說站三體式是一個換勁的過程。

什麼叫作換勁？有的練習者無法解釋清楚，將其形容得非常深奧。比如說透過三體式的訓練，可以把先天的濁勁，換成靈巧的功夫勁。

那什麼是濁勁，濁勁有什麼特點？

什麼是功夫勁，功夫勁有什麼特點？

其實我們在前面都講清楚了，直勁先行無用。在幾何學的 z 軸上用直勁，是非常典型的濁勁的體現。

手臂單一方向用力，像一根棍子，很容易因對手的上下、左右格擋而改變方向，而且使用這個角度的力量，搭手就會跟對方頂，即使贏了，人家也不覺得你高明，所以這種勁叫濁勁。

況且三體式一站就是一個向前進攻的姿勢，很容易讓我們下意識地往外用力。很多老師會告訴你，手、肘、肩膀要用力向外撐，揤出三星來練整勁，而這種方法恰巧

犯了不分陰陽的毛病，越練越成直勁，越不能靈活變化。

至於功夫勁，用我們前文提到的坐標系思維就能解釋。大部分人只具備 z 軸（*前後*）的力量，而不具備 y 軸（*上下*）、x 軸（*左右*）的力量。三體式的目的恰恰就是由靜止不動的動作消耗掉前後用力的 z 軸的力量，產生x 軸（*左右*）、y 軸（*上下*）的力量。

什麼時候能把 z 軸的直勁也就是濁勁耗沒了，搭手就是左右、上下變化的力，才能說三體式過關了，具備功夫勁了，既能夠掤住對手的來力，又能用技巧引化對手的力。因此，大家如果練三體式只是在修行前後的力，那就走向了三體式最不應該走的方向。

底層結構決定上層建築。三體式是形意拳的基礎，所有的動作都是在它的基礎上產生的。若三體式練得不對，其他動作也很難練對。

我們現在的形意拳傳承大多是在 z 軸上研究前後勁力，很少去研究 x 軸和 y 軸。左右、上下的力量，很多人聽都沒聽過。老前輩寫的關於練拳的文章中，明確提到了拳法要點：

提中有按，按中有提，這是上下的力量；縱橫交錯，這是橫豎的力量。

可惜前輩的動作只存在於典籍中，極少有人傳承。內家拳中最簡潔明瞭的形意拳的真意也瀕臨失傳。

4.3
渾圓樁、三體式與五行拳的關係

渾圓樁是三體式，

三體式也是渾圓樁，

它們是一個動作在不同位置的展示而已。

五行拳就是這兩個樁的變化。

很多朋友不知道內家拳為什麼需要站樁，認知走向了兩個誤區。

一個誤區是堅持站樁無上論，認為練拳就是站樁，入門先站 3 年樁，別的都不能練。

就算是王薌齋前輩把站樁提到了非常高的位置，大成拳也不是一味站樁，而是也有試力、發聲、步伐等訓練，幫助大家練出對抗的能力。王薌齋前輩的水準比我們高很多，尚且不完全以站樁為主，為什麼我們就認為只站樁就能出功夫，而不嘗試動功訓練呢？

另一個誤區是認為樁功就是樁功，跟拳法沒有關係。

前輩們常說，「三回九轉是一式」「一生二，二生三，三生萬物」「一法通萬法通」。這些話都是指簡單的渾圓樁透過身形的稍微變化，就能生成形意拳中的其他拳法。

下面我以動作示範為大家講明其中的原理。

例如：渾圓樁身體左轉，兩手豎直就成了鑽拳。然後鑽拳左掌下翻就成了劈拳，也就是三體式。

三體式手上鑽成鑽拳，鑽拳崩前手就成了崩拳。崩拳抬手上架，後手衝出，就是炮拳；炮拳斜身調步就是橫拳。手不動，橫拳上步擰身就成了龍形；龍形上步橫撐豎撞就成了虎形。（圖97）

五行拳、十二形等都是由渾圓樁、三體式變化而來的。渾圓樁、三體式，一個是兩臂橫著，一個是兩臂豎著，本身就是陰陽。由一橫一豎的搭配，自然而然形成形意拳中所有的動作。

因此，動態的拳法中並沒有丟棄樁功，而靜止的樁功，本身也蘊涵了動態的拳法。

在動態中練習拳法，實際就是把靜止狀態下的樁功串聯起來，無縫銜接。因為靜止的樁功雖然看上去一動不動，但是已經具備了 x、y、z 三個軸的力量。由動功無縫銜接，相當於運動過程中沒有漏洞。一旦對方侵犯，我們隨時能變化成其他動作，如生成五行拳或者十二形，克制對手。

這就是前輩們說的「靜為本體，動為作用。靜中之動，謂之真動；動中之靜，謂之真靜」。哪怕是只根據古譜，大家也不應該產生只站樁不練拳的想法。

樁功產生的 x、y、z 三軸上的力量如果不可以無縫銜接地過渡到五行拳中，可以說形意拳就沒有入門。把這些力量的銜接做好，之後越做越熟練，反應越來越快，才能

圖97

漲功夫。

舉個簡單的例子，動與靜好比二進制中的 0 和 1，能夠經由編程語言形成美妙的畫面。拳法也是，渾圓椿好比是 0，三體式好比是 1，它們搭建出了形意拳中的所有動作。

如果認為椿功跟拳法沒關係，那這個邏輯體系就錯了。沒有關係的話，相當於我們先學渾圓椿再學三體式，學了三體式再學五行拳，乃至十二形。形意拳中至少有19個動作（渾圓椿、三體式、五行拳、十二形），真正的危險出現的時候，選擇哪個應用呢？

真正的練拳是做減法，動靜本身是一體，無非渾圓椿是 0，三體式是 1。不管練習拳法還是練習椿法，都是 0 與 1 的搭配，都是在練習身體的擰裹鑽翻。形意拳最終可簡化為身法而不是招數，既沒有拳法也沒有椿法。

當擰裹鑽翻形成本能之後，不管對方出什麼動作，我們都可以下意識地出拳應對。郭雲深前輩所言「拳無拳，意無意，無意之中有真意」就是這個意思，身法到位後，用什麼都是隨機應變，都在有意無意之間。

很多人錯誤地理解傳統武術，認為太極拳實戰必須擺出雲手，形意拳實戰必須站出三體式，這都是受了武俠電影的影響。

內家三拳的目的都是練出勁，在這種勁的統領下進行實戰格鬥。那麼，內家拳的螺旋勁可以由拳擊的直勾擺三拳體現嗎？

當然是可以的，所以它可以無縫嫁接現代搏擊，讓

水準已經很高的運動員繼續提高。加入內家拳的螺旋勁後，哪怕是用拳擊的直勾擺，都會不同於現代搏擊的直勾擺，因為它有著內家拳獨特的催根效果、更勝一籌的打擊力度。

因此，學拳要學通，學習鑽拳，身上要包含渾圓樁的東西；練習三體式，身上要有鑽拳跟渾圓樁的東西；練習虎形的上下發力，要同時包含渾圓樁、鑽拳、三體式所有的東西。學的東西越多，功力越精純。將學到的東西漸漸融合成一個東西，那就是身法。

形意拳有「三回九轉是一式」的說法，會了身法，自然而然就可以產生很多變化。在具體的訓練方式上，靜功還是從渾圓樁開始，動功還是從鑽拳開始，但在訓練的過程中，要逐漸讓它們兩個發生聯繫，達到「一法通萬法通」的境界。

4.4
與其他門派訓練的差異

很多朋友特別好奇，為什麼我們的訓練體系從渾圓椿開始，形意拳不都應該練三體式嗎？五行拳訓練為何從鑽拳開始，而不像其他流派那樣以劈拳開手？

先說站三體式。我自己就曾經試驗過。我從高三開始學習三體式，一直練到大學畢業，工作後又練了幾年，將近 9 年的時間只練三體式，但是一直沒有出功夫。後來明白了拳理，加強了渾圓椿的練習，找到了其中的竅要，很快出了功夫。

而五行拳的訓練從鑽拳開始，更符合五行拳的運動安排，原因如下：

從套路來看

我們思考一下劈拳的動作，在劈之前是不是先有一個上鑽的動作？因此，鑽拳理應是在學劈拳之前就需要掌握的，否則難以解釋為什麼劈之前有個上鑽的動作。

當你真的會了劈拳之後才會明白，如果起鑽做得不對，落翻是沒有任何意義的。大家可以慢慢體會。

從勁路來看

鑽拳練習的是拳頭向外鑽出去，回收的時候，自然完成一個劈打的動作。很多朋友缺乏定步的訓練，所以體

會不到。鑽拳更多的是打出一個遠離身體的離心力，隨著手回掛貼近身體的過程，自然做出劈拳。

為什麼前輩們多以劈拳開手？

我們不能只知道前輩多以劈拳開手而不明白其中的原因。以劈拳開手的前輩大多身材比較高大，例如：李存義、耿誠信、薛顛等。三體式一站，大部分對手的高度在他們的手部以下，兩手簡單下落就可以劈砸在對手頸部，所以他們稱劈拳為「大刀切白菜」，用起來非常得心應手。因為有身高差，所以不需要上鑽，一沉身就可以直接下劈。

然而尚雲祥先生比較矮小，據說還不到 160cm。他如果也是以劈拳開手，三體式一擺，對手都在他的手部上方，往下劈只會漏洞更大，沒有任何優勢。因此，他以鑽拳開手，研究自下而上的打擊方法，身法獨樹一幟。

尚雲祥先生雖然以崩拳聞名，但是他的崩拳中也含著鑽拳的身法，故被稱為「蛇形崩拳」。這是我學習了幾派形意拳後才發現的奧秘。

從邏輯上來分析，因為先天素質不同，高個子的打擊方式不一定適合矮個子。但是個子矮的人為了突破自己的身體限制而研究出來的打擊方式能夠以短擊長，個子高的人拿來用，就可以對付個子比自己更高的對手。

我們的練功體系就是將一部分耿派練法與一部分尚派練法結合，更容易幫大家找到形意拳的真諦。

4.5
站樁的訓練時間

很多老前輩站樁一站六七個小時，
這樣的練法有必要嗎？
沒有這樣練過就沒有發言權。
我這樣練過，所以不建議你也這樣做。

我們經常看到一些故事，說老前輩站樁多麼辛苦，站樁時間多麼長，最終站出了大功夫。然而好多朋友花費大量的時間來練習站樁，卻效果甚微。這一節我們一起探討一下站樁到底要站多久，下多大工夫。

站樁是有階段性要求的，不是一直維持一種站姿就能出功夫的。

（一）初學者站樁的動作和順序

李存義先生說過：「一日不順，次日再站；一月不順，次月再站；一年不順，次年再站。」因此，對於初學者來說，站樁先要掌握正確的動作。耿誠信一派的三體式看著有些彆扭，彆扭的原因前文解釋過，是因為模擬了實戰時重心丟失的感覺。沒有正確的「彆扭」姿勢，很難產生抻筋拔骨、功力進步的效果。

因此，在初級階段，我們不需要研究動作的反向拉

圖98

伸，而是要感受身體各部位，妥善分配它們。讓身體在對的前提下放鬆，以後我們想調動它的時候，它才能聽話。

　　很多朋友會疑惑，三體式到底是一動不動效果比較好，還是動起來效果比較好？對於初學者來說，適當運動是非常有用的。因為剛開始站樁，勁力肯定會在身體的某個部位停滯，適度地活動可以打開關節，並且也是一個找勁的過程。

　　如果初學者站樁時一動不動，手臂的重量自然會落到肩膀上，肩膀是很難承擔起的（圖98）。長時間這樣練習，除了會讓肩部肌肉緊張、勁力落不到腳底，還會造成肩部肌肉勞累過度，產生勞損等問題。肌肉越酸疼，越難以做到動作和順。

　　至於站樁怎麼動，這就是學問了。薛顛先生說：

「樁功慢慢以神意運之。」王薌齋先生說：「大動不如小動，小動不如蠕動。」初學者應當嘗試用正確的運動方式緩解身體的酸痛。找到勁之後，為了更好地達到抻筋拔骨的效果，自然是越少動越好，少動才能讓筋得到更多的鍛鍊。

（二）資深練習者如何站樁

有基礎的朋友，就不能沉溺於長時間放鬆站樁了。前文說過，鬆並不開發人體極限，緊才開發人體極限。抻筋拔骨，使筋骨得到拉伸，鍛鍊效果才會更好。

在抻筋拔骨的階段，由於關節抻拔，筋肉會自然繃緊。不同於之前的放鬆練法，這時候通常站三五分鐘就會累得氣喘吁吁。這樣訓練 5 分鐘，有可能比之前站 1 小時都累。訓練強度太大，導致這個階段我們很難長時間站樁。在這個階段，身體素質會得到進一步焠鍊，訓練效率也會大幅提高。

這種緊樁，要循序漸進地練，訓練到能夠維持 15~30 分鐘就可以了。因為不管筋骨多麼強壯，抻筋始終是在現有基礎上繼續增加難度，所以不存在練久了就不酸疼了之說。肩胯及深層肌肉的拉伸不受年齡限制，功力一旦練出來，一般不會退功。

反過頭來說，鬆樁完全沒必要站 1 小時以上，早早地進行緊樁訓練才是正道。

鬆樁是一種「甜蜜蜜」的樁，長時間地站鬆樁會有一種舒適感，會讓人沉迷於虛假的快樂，停滯不前，這比

不出功夫還可怕，因為它會讓人不清楚自己的水準，只沉浸於自己的幻想，失去更進一步提高的可能。

對於需要提高的朋友，縮短站鬆樁的時間，然後延長練緊樁的時間，才是正確的訓練方法。但是緊樁總是有一個時間極限的，無限延長時間，肌肉會一直處於緊繃狀態，肯定受不了。因此，緊樁通常每組不會超過 45 分鐘。

老前輩所說的自己站 6~8 個小時，跟你的鬆樁站 6~8 個小時還不一樣。老前輩站樁，緊一陣鬆一陣，是真的在練功。似是而非地學，肯定起不到作用。所以以為自己下的工夫不夠，繼續長時間站樁，反而會讓我們走向更錯的境地。

4.6
站樁與五行拳的關係

可以只站樁，不練拳嗎？
可以等樁功過關了再練拳嗎？
不可以！
如果沒有拳法配合，
樁功永遠無法過關。

練形意拳，不可以只站樁不練拳。站樁是在靜止狀態下保持結構，一旦動起來，靜止狀態下的結構可能就散了，所以需要透過行拳把靜止站樁時的整勁貫穿在運動中，達到無縫銜接。

五行拳與樁功之間是相互促進的關係，很多人搞不清楚這個原理。

很多初學者在練習站樁的初期，由於身體素質不夠強而感覺非常累。因為渾圓樁實際上相當於負重訓練，初期是用肩部肌肉承擔手臂的重量。但是隨著練習的深入，背部、腰部、腿部肌肉加入進來，手臂的重量就可以落到腰腿，肩膀就不感覺累了。這時候我們的站樁時間一般也長了，但沒有多少運動量。

這個時候很多朋友會陷入一種誤區，認為自己需要延長站樁時間，既能磨煉意志又能漲功夫，而不進行拳法

訓練。

這種想法是非常錯誤的，如前文所述，長時間站樁的效率是很低的，很難漲功夫。身體的酸痛期過了之後，人就適應這個訓練強度了，再怎麼練習也提高不了太多，樁功訓練就到了瓶頸期，這時，拳法練習就能幫你繼續提高。

例如：我們課程中渾圓樁之後的鑽拳訓練，會由一個動作不停地運動你的腰胯。一組 100 個，做上 10 組，你會感覺到後腰、背部、腿部的肌肉都非常累。為什麼鑽拳具有強腎的作用？因為只有練到腰，腰才會變強壯，才能固腎。這些肌肉在靜態站樁過程中很難鍛鍊到，只有運動起來才能受到刺激。

一兩個月之後，鑽拳的訓練到達一定程度，身體就能夠適應這種運動強度了。這時候再繼續練習渾圓樁或者鑽拳，又難有太多提高了，就需要學習更難的動作——三體式，以繼續提高自己的功夫。

很多朋友都有體會，渾圓樁能輕鬆地站 40 分鐘，但是三體式通常站 5 分鐘就扛不住了。因此，渾圓樁站得再久其訓練效果也替代不了三體式，從渾圓樁到三體式相當於增加了難度，如同從二年級上了三年級，學習自然會變得吃力。

功夫不負有心人，持續訓練的話，三體式也會有所突破。這時候再回頭練習渾圓樁、鑽拳，會覺得鑽拳水準提高了。

當三體式對功夫的提高也沒有太多幫助的時候，就

需要練習後面的動功以再進一步。

因此，正確的訓練邏輯是：當樁功不提高時就練拳，練拳提高功夫後再訓練樁功。一靜一動互相促進，螺旋上升，功夫水準不斷提高。

樁功與拳法，一個靜止一個運動，缺一不可，五行拳與後續的十二形也是層層遞進關係。萬萬不要相信什麼入門要站三年樁，或者只站樁不練拳的說法。內家拳的訓練是循序漸進的。

⊞ 4.7
三體式的實戰作用

三體式在實戰中有什麼作用？

支撐，阻隔。

形意拳練的是讓對手不舒服的能力。

　　前文說的都是怎麼練「知己」的功夫，自己怎麼透過努力訓練三體式以更好地出功夫。下面我們談談如何練「知彼」的功夫。我們首先要討論的就是，三體式訓練要達到什麼目的？

　　無論是渾圓樁還是三體式，訓練的目的除了化力，更重要的是發力。

　　化力就是由三角形的支撐與圓形的轉動化解對方的力量。發力也是一樣，轉腰蹬地的力量由手臂三角形過渡，經圓形的轉動增大，最終撞擊到對手身上，把對手發放出去。

　　河北派形意拳有一個打活樁的功法值得大家借鑑。打活樁就是讓一位朋友兩手支撐站穩，我們由三體式的發力把他撞擊出去（圖99）。該功法練久了，就能具備抬手發人的整勁，也可以逐漸掌握劈拳的勁路。

　　很多練習內家拳的朋友喜歡談應用，但是很少對著人訓練，可以說是脫離了對抗運動的本質。如果不對著人

圖99

訓練，很難發現裡面的一些細節及重點。發力並不是簡單地用整勁就能把對手發放出去。

　　根據距離的不同，發力分成好幾種情況，我們嘗試闡述如下。

1.搭手發力

（圖100）

　　最基礎的三體式發力是搭手發力，也就是很多人所謂的零距離發力。這個時候我們的小臂與對手小臂相接觸，經由身體的變化把對方

圖100

圖101

打出去。

2.寸拳發力

（圖101）

手臂離對手 1 寸，手不能回撤，用身體的整勁爆發出力量打擊對手。由這種短距離脫開接觸點一樣能把人發出去的訓練方式，可以練出實戰過程中遠程脫手打擊人重心的能力。

實際上，發人是一種訓練方式，更多的是由肢體的短暫接觸，讓對手失去重心，達到催根的目的。如果沒有由脫手發人練出來的這種能力，實戰中會很被動。

3.長勁發力（圖102）

與對手相距 1 尺，由遠距離擊打把對手撞擊出去。培養的是在實戰中拉開距離也一樣能破壞對手重心的能力。長期這樣練習，一拳一腳及身體的每個動作都具備了強大的催根能力，透過遠程擊打就能控制敵人重心。

形意拳講究一觸即發，就是一接觸就要讓對手站立不穩。看上去形意拳的劈、崩、鑽、炮、橫，跟拳擊的直、勾、擺沒有太大區別，都是轉動身體打擊敵人，但二者其實有本質區別，內家拳用拳腳擊打，但是能達到如同

摔跤一般的控制重心的效果，即催根，非常難。

西方搏擊追求的是打擊力度，研究每一擊要如何重創對手。但是對手如果做好防禦，一次進攻傷害不了對手，這一下就結束了，需要組織下一個動作進攻。

因為從遠距離過渡到近距離需要耗費很大

圖102

體能，一次打擊組合被對手防禦後，撤出再重新開始，又需要消耗一部分體能，所以對運動員的身體素質要求很高。

這麼好的身體素質，如果採取形意拳的思維進行訓練，就可以形成一種更經濟的打法。

例如：每次擊打前都充分考慮對手的格擋，令對手擋住之後就站立不穩，或者雖然一次進攻沒有達到重擊的目的，但是令對手失去重心無法反擊我們，這樣的話我們不用撤出，只需由身法的微調讓對手再次失重，繼續控制其重心，就能保證一直在近距離壓制對手，我方持續保持優勢。而對手在我們的控制之下很難再找到重心。

例如：摔跤，一個高手很容易抓住合適把位，帶動水準低的選手，使他全程站立不穩，直到將他摔倒。推手

也是，水準高的人很容易帶動水準低的人，讓他進退失據。人在重心不穩的時候首先要穩定自己的重心，然後才能再次進攻。

在這個過程中，重心不穩定的一方調整重心既耗費時間又消耗體能，同時被近距離壓制，而佔優勢的一方隨時可以利用優勢角度發動重擊。形意拳的立意非常高遠，不僅僅是為了推手而存在，還為徒手、兵器戰鬥提供方法，是非常精妙的拳法。

可以說，現代西方思維下的搏擊，對於距離的研究非常透徹，而東方的傳統武術對於角度的研究非常精妙。不同文化背景下，對格鬥問題的不同思考可以互補。

4.負距離發力（圖103）

推手過程中，我們不一定能一直掤住對手的勁。有

的時候對手打擊速度太快，或者在我們沒有防備的時候發動攻擊，很容易把我們壓制到負距離（也就是手臂伸不開的狀態）。

如果平時只會用胳膊腿發力，那麼這種背勢的情況就無法應付了，因為重心被對手直接壓制了。哪怕有腰腿勁，不進行針

圖103

對性訓練，實戰的時候也很難找回優勢。

負距離情況下的發力需要專項訓練，以適應實戰。

5.對手不配合的發力

在正常對抗過程中，對手一般都會用上下、左右、前後的力量掙扎，以期獲得自己的優勢狀態。

我們為什麼要研究 x、y、z 三個軸上的力量？自然是為了找到對手力量薄弱的方向從而控制對手。這樣的專項訓練很重要，只有在對手不配合的情況下依然能夠發放對手，才算真正學會了發力。

從三體式的作用來講，形意拳研究的不是如何近距離控制對手重心，例如摔跤的抓把、太極拳的近身，而是如何由遠距離的擊打讓對手站不住，我方利用優勢角度控制對手，繼續加以打擊。

這就要求練習者需要有強大的整勁和靈活變化的勁路。

真正的形意拳完全不必以五行拳的招式實戰，配合好勁路的變化，直勾擺同樣可以起到打擊對手重心的作用。形意拳的實戰不是三體式拉開，擺好架子，用招式去戰鬥，而是用內裡的勁路去戰鬥。具備這種勁路，能打出這種控制重心的風格的打法，才是形意拳的打法。

🔲 4.8
用意不用力：左右拔根與垂線原理

作用於重心線上的垂線，

可以讓任何人站不穩，

只要你找到合適的角度。

用意不用力，很科學。

很多朋友認為，由手臂一瞬間的接觸控制對手重心是不可能完成的任務，因為幾乎所有的格鬥技術，都是以近距離把位的控制帶動對方重心。

且不論能不能產生手臂的接觸，就算能接觸到，手

圖104

臂接觸時間這麼短，怎麼能調動對手的重心？其實人的重心非常容易被調動，接下來，我用對抗中的垂線原理給大家解釋一下。

人在前後方向上穩定性最好，始終有力量。但是兩腳打開時，在兩腳跟連線的垂線的方向，人無法承受任何力量，被人輕輕一推或一拉就站不住（圖104）。

拳譜中的「用意不用力」「以智取不以力敵」，實際就是指利用垂線原理，用很小的力量破壞對手重心。

當一個人如圖105中黑衣人那樣站立的時候，他的整個身體，從頭到兩腳，是一個三角形的形狀。我們如果沿著他兩腳前後站立的方向打擊他，他很容易用整個體重的力量扛住。

但是有一個方向，他的力量是很薄弱的，那就是他兩腳連線的垂線方向。如果我們利用好優勢角度，從他兩

圖105

腳連線的垂線方向對他進行擊打，哪怕他全力防護，這一瞬間也是站立不穩的。他需要花時間、體力迅速調整好重心以組織有效反擊，同時需要在心理上提防我們繼續進攻。

而我們不會等著他，會持續地調動他，一直讓他被動。我們的每次調整都會讓他感覺到非常不適應，想反擊卻做不到。這樣的技擊方法，一旦出現在格鬥擂台上，會不會讓對手有不一樣的感覺？

觀察後我們會發現，現代西方思維的搏擊技術，例如拳擊，也是站在對手的一側擊打，以產生強大的打擊力度，但是實際上，運動員很難做到站在對手任意一側擊打而同樣產生強大的打擊力度。

我們向對手左側移動，對手也會轉變角度，兩方再次恢復面對面的狀態，難以利用側面進行打擊（圖106）。

這就陷入了一個怪圈，我們知道側面打擊能讓對手處於弱勢，容易戰勝對手。但是對手會以腳的移動，避免側對我們。而且如果我們主動移動的話，腳部的移動距離較長，而對方只需要微微轉動身體，就可以將我們耗費體能產生的優勢角度破壞掉。

所以在現代擂台上，只會出現兩種我方站在對手側面的情況：

（1）我方速度比對手快，搶佔先機；

（2）我方體能比對手好，耗到對手沒力氣了，自然是我們速度快，能夠搶到先機。

圖106

　　這兩者都需要建立在快的基礎上，由此我們可以發現東方拳法與西方搏擊的不同之處。西方搏擊追求更快、更強，是勝人的思維，但是總有些問題是它解決不了的。假如對手的身體素質比我方強，我們很難以西方的競技思維戰勝這樣的對手。東方拳法則可以完美地破開這個怪圈，利用獨特的角度戰勝對手。

　　大家可以發現，傳統武術中有非常多的橫向打擊方法，例如：通背拳、披掛掌、螳螂拳，把胳膊伸直橫向掄動，看上去動作很笨重。在現代搏擊裡，除了泰拳的掃踢是這個風格，其他流派幾乎不用這種方式進攻對手，因為對手很容易閃開。

　　在實際搏擊過程中，武術愛好者用這種橫掄的方式對抗職業運動員往往效果不佳，於是大家就認為這種格鬥

方式沒用。職業運動員也覺得這種攻擊漏洞太大而不採用。但是實際情況恰恰相反，如果雙方水準相近，橫向的打擊實際上是非常有用的。

假如雙方相對而立，我們用橫向的打擊方法進攻對手，即使對方抱頭格擋，我們的力量也很容易運用對手兩腳連線的垂線，讓對方站立不穩。

一旦對方想要抵抗我們橫向的力量，身體就會不自覺地向打擊方向傾斜，若這時我們撤開力量或者帶動對方，對方會傾斜得更厲害，從而迎向我們的拳頭。

這一瞬間之力既讓對手失重，又符合我們整勁的打擊要求，兩股力量對撞，殺傷力巨大。傳統武術把這種力量叫作驚炸力或對撞力。

為什麼很多人認為這種打法笨？因為很多人不會用身體發力，都是用胳膊發力。用胳膊發力橫向打擊對手，移動範圍大、速度慢，既起不到威脅對手的作用，也沒有後續變化，還浪費時間，真的不如西方搏擊快。但是如果我們在打擊的瞬間用的是 S 形的勁路，用身法進攻，一下子就能讓對方失重，甚至控制對手。可見，有功力的打法才是有用的。

只有具有了形意拳的功力，才能用出形意拳的打法。因此，傳統內家拳都強調找勁，找到內家拳的勁，就跟練拳擊找到直拳的勁一樣，是非常重要的基礎。有了這個基礎以後，才有資格談增長實戰功夫的事兒。

4.9
上下拔根，重心撬動的原理

何為內家拳的拔根？
若始終向下 45° 或向上 45° 佔據優勢角度進行打擊，
敵人要嘛站不穩，
要嘛頂勁前傾。
佔據優勢角度，
是保證技法能夠應用的核心。

　　前面我們講了在兩腳連線的垂線方向上，是比較容易調動對手重心的。實際上，重心不僅在左右方向上可以控制，在上下方向上也可以調動。
　　形意拳的拔根是複合了左右垂線、上下角度的，本

圖107

身並不難，只要大家按照正確的功法訓練，自然能掌握。

角度1：讓小夥伴兩手環抱，維持好自身的平衡。我們可以用鑽拳從斜下方 45°把他擊打出去（圖107）。

角度2：可以用劈拳從斜上方 45°把他擊打出去（圖108）。

圖108

這兩個角度，都避免了跟對方的抵抗力量直向衝突。當一個人抱拳防禦時，我們從下往上擊打，或者從上往下劈擊，都很容易打得對方重心不穩。

在現代賽場，打擊之前降低身姿，既可以閃開對方對我方頭部的進攻，又可以蓄力從下往上撞擊對方，令他站立不穩，然後我方再繼續攻擊就很容易了。

因此，練習形意拳鑽拳的目的，並不只是讓我們學會怎麼打拳，而是讓我們養成從下而上的進攻方式。古譜言「鑽拳本是地反天」，我們的三盤落地、蹚步都是為了訓練這個重點。如果直拳、勾拳、擺拳都有這種功效，一進攻就讓對方站不穩，會不會整個打擊體系都會發生變化？

劈拳則是一個從上往下的打擊方法，它始終保持一個 45° 向下的打擊方向。相對而立時，對手的抵抗力量都是向前的，我們很容易由立圓的滾動，把對手的抵抗力量引向下，從而導致對手前傾失重。

所以從角度來看，劈拳的打擊方式本質上同鑽拳沒有太多區別，只不過是方向不同而已，目是都是讓對手失重。

《逝去的武林》這本書提到，形意拳是旋著身子打拳。如果沒有身法，只是運用手臂斜劈、豎挑對手，這功夫大概率上是沒用的。

為何有人總是用不上鑽拳、劈拳的力量，無法在打擊角度上獲得優勢？因為他們練拳時，一方面，大部分時間練的是手臂運動，抬起手臂而不是藉助身法形成 45° 的

角度優勢，速度慢，對手有充足的時間防禦；另一方面，大部分人上重下輕，上身的動作多於下身的動作，導致重心橫在胸口，做不到氣沉丹田，重心跟對手抵抗的高度在一個水平線上，此時很容易變成不管怎麼做都是在頂抗對手的力量。

如何判斷自己的重心到哪個位置了？在練拳或者站椿過程中，讓人用兩根手指推你的胸口。如果不影響你繼續練拳，那就是重心沉下去了，至少不是橫氣填胸。如果兩根手指一推，你就站不穩了，那就是重心還浮在上身。因此，有無氣沉丹田不能只憑感覺去判斷，要實際檢測一下才能確定。

4.10
兩種錯誤的三體式

三體式的關鍵是胯與肩膀的關係。
真正的三體式應該是步斜身正，
如同螺絲反撐。

若三體式站不出來左右勁、上下勁，也就是前文說的 x 軸、y 軸的勁力，那這個三體式大概率是錯誤的。

常見的錯誤的三體式姿勢有兩種。

第一種錯誤的三體式叫作身正步斜，我們模仿一下。

從上往下看，這種站法兩個肩膀幾乎在一條橫線上，如圖 109 所示。兩肩膀與手臂的角度接近 90°。對手輕輕地用手指推一下我們的前手，其力量就會經由手臂到達我們橫著的兩肩膀，令我們站立不穩。

因為手臂與兩肩的角度是 90°，一旦前手受力，力量就會沿著手臂到達肩膀，影響重心。用這種姿勢搭手對抗時，手臂與肩膀也起不到撐住對方的作用。這種姿勢既不具備前後的力量，也不具備左右的力量。

同樣的，因為前手與兩肩的角度是 90°，對手稍微一橫撥我們的前手，其力量就會經由我們的手臂到達肩膀上，根本過渡不到腰腿，腰腿就起不到支撐的作用。

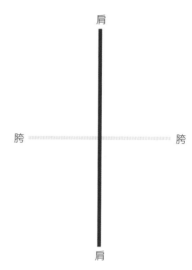

圖109

圖110

　　這樣的站姿還會讓全部體重沿著大腿下落到膝蓋（圖110），長期這樣鍛鍊會導致膝蓋不適。

　　第二種錯誤的三體式叫作身斜步斜，兩肩膀、兩胯一前一後，從上往下看，兩肩和兩胯的連線接近重合（圖111）。

　　這樣的動作比第一種稍微好一點，前手有一定的支撐，對手對前手施加的力量經由兩肩可以傳

兩肩連線

兩胯連線

圖111

導到腰背及腿上，可以說是做好了 z 軸，然而 x 軸、y 軸不穩。

如果對手用兩根手指從側面輕輕推一下我們的前手，這股力量立刻就會到達後肩膀，我們的整個身體都會被推動，如圖112。

而且伴隨著胯的後拉，肩膀也是後拉的，對手用兩根手指輕輕推一下我們的後肩膀，我們整個人立刻會站不穩，如圖113。

因此，這樣的三體式完全沒有左右力量，也沒有上下力量。看上去很好看，發力也挺猛，但是與人較技時根本不管用。

所以，三體式不管是平著站或正著站，只要都只是在一個方向上有力量，就是錯誤的三體式。真正的三體式應該是步斜身正，整個身體呈扭轉之勢，如同螺絲反擰，

圖112

圖113

這樣才能得到支撐、固定的作用。

　　如果三體式姿勢正確，通常練習3個月~1年，就能夠練出能發人的整勁了。

4.11
三體式與一身具五弓

一身具五弓，

太多人理解錯誤。

明白了圓柱體理論、三角形理論，才能夠談「一身具五弓」。

五弓是哪五弓？脊柱是一張弓。剩下的四張，有人說兩臂彎曲為兩張弓，兩腿彎曲為兩張弓，這在我看來是完全錯誤的（圖114）。

很多人練的都是手臂運動的拳法，以為彎曲的手臂

圖114

圖115

是弓。

然而假如在前後方向上，有人頂住我們的前手，我們的手臂就很難繼續往前伸了，也就是說，這張弓一旦受力，就沒有作用了（圖115）。

前文講過，在承受力量的情況下，腿部三角形不能隨意變化，一變化重心就會有起伏，就容易陷入被動的狀態。因此，說兩腿彎曲是兩張弓，用它來發力，肯定不對。這樣理解一身具五弓的朋友，還是在用胳膊、腿發力的思維衡量拳譜中非常重要的東西。

按照這種錯誤的理解，陳發科前輩的單鞭式兩臂完全打開，張占魁前輩的三體式前臂幾乎完全伸直（圖116），肯定無法繼續發力，怎麼能起到手臂弓的作用呢？而看懂了我們三角形理論的朋友應該能夠明白，陳發科前輩兩臂伸開，恰恰就是為了避免手臂屈伸，是一種固定三角形的方法。

圖116

　　張占魁前輩前臂完全伸直，就是故意維持這樣的角度，讓手臂三角形鎖死不動。他們這樣做，都是為了讓人體上肢真正的弓——肋下弓發力。真正的上肢弓，是三角形的肋下弓，而非手臂。

　　如圖117，我們用劈拳做發力演示。當對手全力阻擋我方，我們已經沒辦法屈伸胳膊發力時，肋下弓依然可以在腰胯的作用下伸展，把對手拋放出去，像蝙蝠張開翅膀一樣。

　　形意拳號稱「兩肋如腮」，能夠練出肋下弓發力的人才是高手。前文從圓柱體原理過渡到丹田原理時候，講過開肋的概念。只有空練的時候具備了開肋的能力，肋下弓發力才能用得出來。

　　大部分人是沒有這個弓的，也想像不到，於是認為手臂是弓。

圖117

　　如果我們練的功夫無法克服對手阻力，無法把對手的整個體重發起來，談何整勁？因此，無論是太極拳、形意拳還是八卦掌，老前輩們練習時都是打開兩肋，而不是收縮兩肋，因為真正的上肢弓在這裡。

　　胯部的弓也並非在腿部。在推手過程中，腿不可以隨意屈伸，因為通常對手的體重會壓迫在我們身上。腿部三角形如果變小，會被對手壓到地上；腿部三角形如果放大，重心會隨之上浮，讓對手有機可乘。

　　只有維持腿部三角形盡量不動，用圖118中紅圈的位置——胯的折疊起伏發力，才能夠輕鬆地把對方打出去。內家拳為何重視落胯，原因就在於此。現代健身中的硬拉動作，手臂完全伸直，依然可以憑藉胯的開合把很重的槓鈴拉起來，其原理與內家拳一樣。

　　傳說太極拳前輩們在八仙桌底下練拳，就是為了讓腿貼地，鎖死腿部三角形，倒逼腰胯轉動，打開胯關節。

圖118

現代人練太極拳為何傷膝蓋？

就是因為沒有鎖死腿部三角形，練拳時身形忽高忽低，體重全落在了膝蓋上。

形意拳前輩們要求在練拳過程中頭不能上下起伏。這規矩自然也是讓大家鎖死腿部三角形。真正的五張弓，都在根節上，肋下兩張弓，胯根兩張弓，脊柱一張弓。

鎖死腿部三角形，腰胯才能帶著腿移動。形成了這種習慣，自然重心更加穩定，整個人就像坐在彈簧上一樣，太極拳中叫「如坐高凳」。打起拳來以大小腿為弓不斷屈伸，重心忽高忽低，會把凳子坐壞的。

4.12
三體式樁法，充斥空間

> 形意拳練的不是招數，
>
> 而是身法的變化。
>
> 只有將身法的每個角度都練到過，
>
> 才能保證實戰時所有角度都遊刃有餘。

　　三體式是一個樁嗎？實際上不是的。

　　前文的坐標系理論告訴我們，練功要有 x、y、z 三個軸上的力量。三體式也一樣。假設整個空間是一個球形，我們固定練三體式朝前的動作，等於只訓練了其中的一個角度。到了實際對抗中，遇到其他角度的時候，因為平時沒有練到過，就很有可能失敗。

　　站樁不是站死樁，所有固定的樁法都是只有一個角度，只有樁法不斷變化，充斥整個空間，才是真正的無死角。王薌齋先生對樁功的設計就體現了這一點。

　　例如：渾圓樁，從垂直角度，也就是 y 軸上的變化來區分，兩手心向內叫渾圓樁（圖119），手心向下叫扶雲樁（圖120），外撐叫撐抱樁（圖121），斜 45° 向上叫小天星樁（圖122）。

　　這些樁實際就是把渾圓樁按照立圓的旋轉方式從下到上旋轉形成的，可以訓練不同角度的勁力。

圖119　　　　　　　　　　圖120

圖121　　　　　　　　　　圖122

　　而從平圓的角度，也就是渾圓樁沿著 x 軸旋轉來看，身帶手左右一轉叫矛盾樁，前指叫勾掛樁，兩手上托過身叫托天樁，於胸前上托叫托嬰樁，下按叫伏虎樁，步

法轉成拗步叫降龍樁。大家可以自行搜索優秀武術家的樁功照片，觀察渾圓樁在橫向上的變化。

王薌齋先生設計的樁功就是渾圓樁沿著 y 軸、x 軸變化，這種變化可以產生很多樁法。在對抗過程中，任何角度上的發力都是可能的，平時訓練過，身體才能做得出。

如果帶著這樣的思維去研究試力，大家會發現，試力也是在訓練樁在不同角度下的應對能力，大家可以自己去研究探索。

大成拳的功法構成體系與形意拳並無區別，都是讓一個靜態的東西，按照 x、y、z 三個軸轉動，各個角度都練到，形成動態。

形意拳三體式也要充斥空間。例如：維持三體式，身體左右橫轉，就成了八卦掌。

八卦掌的練習過程更明顯，維持一個姿勢不動，用步法、身法轉圈，用自己的身體充滿整個空間。

再聊聊大家容易忽略的三體式真傳練法──樁功慢練入道。

維持三體式大致不動，我們的身體往左右轉動的每一個角度呈現出的形態都是不同的。何為樁功慢練入道？在轉動過程中，必須體會到三體式從 1° 過渡到 2°、3° 等各個角度時的不同形態，以及其中的薄弱環節。能夠在每個角度都發現自己不足的地方並改進，才能增長功力，在實戰過程中遇到任一角度的來力，都能用平時訓練到的內容應對。

哪怕是打五行拳，也要體會三體式在各角度之間的

不同變化。練功過程中，尋找不同角度之間，x、y、z 三個軸中力量薄弱的地方，查缺補漏。這樣才能夠出功夫。也因此，形意拳號稱樁功慢練入道。

形意拳以這種方式，既練習了平圓又練習了立圓。三體式在高低、起落、俯仰、縱橫等不同角度變化，最終形成了多個 360° 的環，構成了一個三維的立體空間。內家拳若練到充滿整個空間，在任何角度都能克敵制勝。這個概念，在老拳譜中叫作混元力。

理解了「混元力」這個概念，我們在平時練功過程中，就不能直挺挺地練了。因為只是手臂動而身體不動，很難讓三體式充滿整個空間，形成混元力。同時，身體動得不到位、不得法、角度不夠，也無法讓三體式充滿空間，形成混元力。

平圓跟立圓，就像地球上的經線和緯線一樣。前文講過，幾乎每個拳法動作都是由渾圓樁和三體式演化形成。所以我們練拳並非練某一個拳，而是練習如何以身體位移，將樁功演化成各個拳，而讓各個拳同時保持樁功的狀態，所以，這個變化過程才是萬法歸一。

因此，360° 的理論，就比 x、y、z 三軸力量的理論更進一步。兩個樁就如同經緯線定位姿勢，樁功到位之後，身法微調，即可成為形意拳的各種拳法。

太極拳也一樣，洪均生先生的正圈、反圈動作也是二進制中 0 和 1 的關係。練好了正反圈動作，它們就可以自發構成太極拳中所有的招數動作。這裡就不贅述了。

很多人練習形意拳，喜歡打完之後定住，這是以表

演的形態練功。形意拳也是內家拳，慢練是它的核心。慢練的目的是讓身體充斥空間，「勁斷意不斷，意斷神相連」。一步一停地練形意拳，除了表演時好看，對於實戰功力長進沒有任何幫助。

王薌齋先生很早就發現了這個問題，於是廢棄了套路，提出試力而不輕易發力。他老人家的貢獻至少有以下三點。

（1）提出力不出尖，也就是本書 x、y、z 三軸勁力周全的意思，否則就容易被對手改變路線。

（2）提出持環得中，也就是平圓、立圓。持環得中，才能不被對手改變勁路，保持好自己的中！

（3）提出試力，也就是本節所說的樁功充斥空間。

你還在思考怎麼用拳嗎？真正的拳法是詮釋人與空間的關係。當你做到無懈可擊，贏對手就是水到渠成的事情。

本書涉及的心法很多，這些心法才是真正幫大家理清練拳思路、掌握拳理的真材實料。《逝去的武林》一書中說，尚雲祥教拳是給人「金子」，而不是給人「碎銀子」。希望看了本書的朋友能夠重視心法的重要性，得到「金子」。

4.13
心意拳、戴家拳、形意拳、大成拳
一脈相承的關係

拳法的流傳過程，
是不斷修正錯誤的過程。

心意拳是很好的拳法，心意拳高手身體的俯仰非常明顯，透過身體勢能的變化發出強大的力量，調動體重發力，殺傷力很強。

然而，很多人練的心意拳沒有腰身勁，練習鷹捉把，容易簡單地兩手下劈，成為局部運動。練習虎撲把也不過是兩手前推，放棄了自身整勁，只用兩臂發力。

戴家心意拳的前輩發現了這個問題——勁不整。於是摒棄了兩手遠離身體的練法，要求肘不離肋、手不離心，手臂貼身而動，以軀幹打人。這樣手臂更容易藉助周身整勁，於是有了「只見戴家拳打人，不見戴家人練拳」的美譽。

形意拳大師李洛能拜師戴家，學會了其核心身法。學成之後發現，戴家拳貼身練功可以，但打人的話距離太短了，於是在維持軀幹運動的前提下，結合自己的心得體會，把兩手距離拉開，形成了當今的形意拳三體式，姿勢

又跟心意拳一樣了，兩手遠離身體，調動體重打人。雖然形式上與戴家拳不一樣了，但核心一樣。

兩手遠離身體，卻依然保留身法，能用體重發力，才是形意拳。

形意拳脫胎於戴家拳，如果沒有了戴家拳的身體運動，肯定是不對的。

隨著形意拳的廣泛傳播，很多朋友又把它練成了胳膊腿的局部運動，遠離了身法變化。大成拳創始人王薌齋先生於是廢棄拳法套路，只保留了幾個樁和幾個試力，再次把人拉到身體運動的正軌上來，教出了一大批有功夫的人。

然而伴隨著大成拳的廣泛傳播，十幾種樁法、五行拳甚至十二形又出來了。偏離了王薌齋先生「幾個樁、幾個試力就夠用」的指導思想，再次由簡單走向複雜。

現在我們也發現了這個問題，而且試圖透過內家拳幾何學的概念，幫大家理解拳術中的內涵，以期再次讓大家回歸到身法運動的軌道上來。

陳式太極拳也是非常優秀的拳法，演化出各種流派的過程也跟形意拳差不多。

好的拳種總是廣傳，然後變形。優秀的人們總會透過各種方式保留訓練核心，形成新的表現風格，然後再次廣傳、變形。

因此，對的東西總是一樣，錯的東西卻千差萬別。

五行拳粗講

　　之所以說是「粗講」，是因為，本章並沒有把五行
拳的五種拳全部按部就班講完，而是重點講解鑽拳和劈拳
的拳理，其餘三拳，讀者朋友們可以舉一反三。

　　至於為什麼從鑽拳講起，而不是常見的從劈拳講
起，相信讀者朋友們看了正文，就理解了。

⊞ 5.1
鑽拳，不發力的發力訓練

> 發人依靠的是
> 體重「流動」、整體配合，
> 而不是人為的停頓發力。

　　在我們的課程中，渾圓樁之後的第一個功法就是鑽拳，一個看上去非常簡單的動作：兩手交替出拳，從一個姿勢過渡到另一個姿勢（圖123）。

　　在這個過程中不停頓、不主動發力，反而是發力的

圖123

正確練習方法。

很多朋友感覺這樣舒緩的動作，並不像是在練發力，非要人為地停頓、爆發，硬生生地把這個動作做錯。

我們的鑽拳是定步的前提下，練習腰部左右旋轉。當這個動作練熟之後，蹬腿轉腰的力量可以很好地傳導到手臂，按照前面腰腿 12 隻胳膊發力的理論，加上 12 隻胳膊的力量，還不夠讓我們搭手發人嗎？

發人依靠的是體重「流動」、整體配合，而不是人為的停頓發力，停頓了哪還有力？

我初練鑽拳的時候受到一位師兄的鼓舞，一天大概練習 2000 個，每天腰酸背痛的。

這位師兄說，練一天，如果腰不酸，就是沒有練到位。隨著訓練的深入，姿勢做對的概率越來越大，動作數量做得越來越少，因為動作標準之後，做不了幾個就腰酸難忍，但是訓練效果非常好。

希望大家重視這個基本功的訓練，因為它非常重要，所有後續的勁路變化都源於這個動作，它堪稱形意拳的寶貝。

5.2
鑽拳的守中用中：三角形的變化

鑽拳是運用腰的橫轉、
身體的起伏把拳打出去的。

前文中我們講過，內家拳最常見的錯誤就是直勁與純圓勁。內家拳講勁力周全，每次出手，必須是橫勁與竪勁共同發出，不被對方改變方向，達到指中的效果。

比如在打鑽拳時，無論對方如何橫撥、下壓，我們的鑽拳都可以朝著既定方向運行，不會被改變方向（圖124）。同時，我方的結構穩定，對方卻會被我方催根，

圖124

站立不穩。這樣的一拳打出去才是有用的，才是內家拳中要求的勁力周全。

這個動作不難做到，只要大家按照正確的鑽拳體系進行訓練即可。

我們思考一下，如果打出的一拳被對手改變方向了，需要收回才能打第二拳，那麼內家拳一定不會是現在這樣慢吞吞的，而是快打快收。

用這種方法去練拳，練現代搏擊不是能更快出功夫？沒有橫豎勁，遇到敵人的格擋就會被改變方向，就做不到指中，遇到抵擋只能收回。

鑽拳訓練的原理非常簡單，就是運用腰的橫轉、身體的起伏把拳打出去。在這個過程中，身體的左右旋轉提供左右勁，身體的上下變化提供上下勁。

雖然看上去手臂是直著出去的，但是手臂直向運動產生的前提是身體的左右、上下也在同時變化。如同我們彎弓射箭，箭本身沒有變化，但弓上下折疊，弦前後拉伸，會使箭產生前後位移。箭本身沒有發力，但會在弓和弦上下、前後的力量催動下射出。鑽拳也是一樣，身體左右旋轉、上下折疊，可提供手臂前鑽的動力。

當我們能熟練地應用這種發力方式，身體就能充分參與打擊。身體發力越大，才越接近拳譜中的「發力如開弓放箭，一往無前！」

鑽拳動作怎麼做才能對？如果我們細分鑽拳的動作過程，可以將它分為兩個階段：

①手腕從腹部上提至胸口；

②拳從胸口向前鑽出。

在這個過程中，假如對手從前後、上下、左右這幾個方向阻擋，不讓我們沿著既定路線出拳，而我們運用身法的變化讓對方失重，拳依然能打出，動作就是對了。

因此，鑽拳的練習大概也分為以下 3 個階段。

（1）基本動作熟練。

（2）能夠克服對手的阻力，讓對手拔根。

（3）襠勁暗換，在對手沒有察覺的情況下，化解來力並打擊對手。

能夠克制對手的阻力，才算得上是大概正確了。盧氏結構的創始人盧宗仁先生這樣形容內家拳：「來力不入，去力無阻，周身彈簧，犯者立仆。」

我們從最基礎的站樁獲得「來力不入」的能力，透過鑽拳訓練「去力無阻」的能力，踏踏實實地一步步訓練，才能與真功夫結緣。

5.3
鑽拳的束展與直角

鑽拳走的是直角邊，
而不是斜邊，
斜邊沒有經過身體中軸線，
既不能防守，也不能進攻。

鑽拳的路線，很多人容易練錯。它走的應該是直角三角形的直角邊，而不是斜邊。

李存義前輩傳給尚雲祥的拳譜中這樣形容橫拳：「勾股三角極微處，心肝脾肺腎為主。」

形意五行拳，最終都要形成橫拳，達到出手橫拳的境界。鑽拳、劈拳、崩拳、炮拳，無非是形成橫拳的中間過程。

鑽拳本身具備橫拳的勾股三角，然而大部分人都練錯了。

如圖 125，很多朋友打鑽拳都是從點 1 直接到點 3，然而正確的流程是從點 1 到點 2，然後再到點 3。看上去似乎是走了距離較遠的直角邊，但是這樣做，發力效果好，也有實戰意義。

如果我們從幾何結構進行研究，可以把人的身體看作一個圓柱體。從點 1 到點 3 沿著斜邊出拳的話，圓柱體

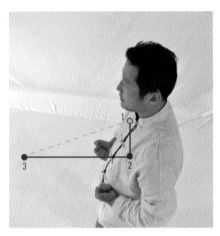

圖125

就會以中軸線為中心，以點 2 到點 1 這個直角邊為半徑做
圓周運動。假如對方摁住了我們的手臂，這個圓很容易被
對方卡住，無法繼續轉動，這也是我們前文講的圓勁無用
的延伸。

　　而實際上鑽拳應該走的是直角邊，手臂首先從點 1
歸中到點 2，然後從中軸線出拳。在這個過程中，手臂豎
直地從中軸線向前打出，出拳過程中沒有圓周運動。假如
對手摁住我們的手臂，我們的力量可以很好地過渡到對手
身上。

　　老前輩沒有寫得特別明白，只是用「勾股三角極微
處」來描寫鑽拳的軌跡。「極微」實際上就是說，鑽拳要
沿著直角邊走。有傳承的人自然懂，沒傳承的人就容易摸
不著頭腦。大家不要小看這樣的動作軌跡，它有很好的技
擊效果。

　　對於技擊而言，鑽拳沿著直角邊出拳，自然會產生

一個斜邊，也就是點1到點3的斜邊，這個斜邊可以進行防禦。例如：當對手用擺拳打我的時候，我沿著直角邊出拳，可以在防禦對方擺拳的同時擊中對方。（圖126）

當對手用直拳打我的時候，我也可以用鑽拳沿著直角邊把對手的拳旋滾擊出。形意拳本身就包含了先打顧法後打人的意義。（圖127）

但是如果我們沿著斜邊出拳的話，對手的直拳通常

圖126

圖127

圖128

就會直接打中我們的下巴，我們的拳起不到格擋的作用。（圖128）

鑽拳的直角邊本身也起著化解力量的作用。當雙方搭上手之後，對手從外側指著我們的圓柱體，我們完全可以由拳沿直角邊滾動把對手的勁化開並打擊對手。（圖129）

如果我們在對手的外側，也可以出拳走直角邊，使對方的手臂旋滾而出，遠離我們的中軸線，然後再打擊對手。

因此，正確的鑽拳軌跡非常重要，它自然包含了從上下改變對手力量方向的功能。

很多人在練形意拳的過程中，習慣拳直接從腰上出，相當於走了斜邊，並沒有經過中軸線，這樣是不對的。這樣的動作既不符合拳譜中要求的「束展」，也就是先合到中軸線再出拳的原理，也很難出功夫。

五行拳所有動作都必須從中軸線出拳，但是大部分

圖129

人學的都是表演套路，大開大合，很少有人按照傳統拳法去做。

　　鑽拳看上去動作非常簡單，其實功效非常大，大家一定要重視，要按照正確的動作來訓練。

⊞ 5.4
由鑽拳打開修行之門

形意拳後續的很多功法，
都是從鑽拳變化而來。
看似簡單的鑽拳，其實是重要的基礎。

我剛開始練鑽拳時，一天大概練習 2000 個，用時不到 2 小時。然而練了很長時間都找不到感覺，直到後來明白拳理，才逐漸在理論的引導下明白了鑽拳的內涵。

我是比較有代表性的理解拳術早於出功夫的人。一般人都是先出功夫後明白道理，我是先想明白了道理然後出的功夫。

很多朋友認為傳統武術出功夫很慢，不願意花時間去摸索。然而功夫是自己的事兒，假如遇到不明白的地方不想著去解決，而是碰到疑惑就退縮，那麼功夫很難進步。

其實傳統武術具備很多優點，值得大家花時間去追求。

（一）健身

鑽拳強腎、劈拳強肺、崩拳疏肝、炮拳強心、橫拳強脾，這是寫在拳譜上的。我見了太多因為身體問題導致

工作、生活不順利的人。他們透過內家拳訓練，身體都產生了變化。

上醫治未病，希望大家在身體還沒有發出病痛信號之前，就保養好它。買個車大家還都會去做保養，為什麼不重視身體的保養呢？

（二）修行

內家拳不僅僅是一種武術，還是一種修行方式。孫祿堂先生以武入道，形意拳巨擘李存義先生說「形意拳是變化氣質之道」。

長時間站樁後肌肉筋骨會酸痛，然而即便肌肉酸痛，我們依然要忍著，爭取站更長的時間。這樣一種修行方式，無疑會幫助我們養成堅韌不拔的性格。

而遇到了問題、疑惑，透過思考去解決，用行動改變現狀，會讓一個人變得睿智，懂得分析、取捨。

所以能練好拳的人，一般都有智慧。對於透過練拳修行讓自己更強大，您是否感興趣呢？

（三）文化

我們有優秀的中華傳統文化，詩歌是文化，書畫是文化，武術也是文化。

我們讀優秀的詩歌，會被其中的風光氣象所感動，武術修煉亦如此。當我們由自身的砥礪修行獲得進步，翻開拳譜一看，這些東西竟早已被古人清清楚楚地寫在幾百年前的拳譜上。

這種與古人共鳴的感覺，便是武術的魅力之一。

而鑽拳就是打開拳法奧秘的一扇大門，形意拳後續的很多功法都是由鑽拳變化而來。

如三盤落地、擰裹、三角形與指中等，都是在不停地強化鑽拳的要點，目的是讓大家能由淺入深，逐漸掌握其中的奧秘。

⊞ 5.5
劈拳與脊柱

「劈拳似斧屬金」，
並非指外形上的劈砍動作，
而是調動丹田、彎曲脊柱發出的威力。

劈拳的發力方式與鑽拳是截然不同的，孫祿堂前輩在拳譜中稱其為「一氣之起落」。鑽拳側重於訓練左右轉腰和上下的力量，形成周身螺旋，而劈拳是用身體反弓的形式進行發力。

我們來理解一下什麼叫身體反弓。如果人的腰背呈一條弧線的話，我們的丹田就如同一個球狀的物體，它是可以提起落下，沿著弧線的方向打擊對手的。

如果丹田逆時針自上而下地轉動，就是劈拳。（圖130）

如果丹田自下而上地打擊，就是鑽拳。（圖131）

彎曲脊柱發力與左右轉腰發力截然不同，是另一種發力模式。

很多拳法都是左右轉動發力，缺少上下彎曲的脊柱發力。這個概念在太極拳中叫胸腰折疊，形意拳中叫用力如反弓，可以說，中國武術與西方武術最大的區別就在於此。同樣都是一個頭、兩隻手、兩隻腳，我們的發力加上

圖130

圖131

了脊柱，相對而言，力量應該是大於西方武術的發力體系的。

這個力量有多大呢？

拳譜中說劈拳屬金，能披堅執銳。在我們練習搭手的時候，若對手雙手相搭，用劈拳可以很輕鬆地將其整個人撞擊出去。哪怕對手用整個體重抵抗，我們也可以將其打得站立不穩。（圖132）

在實際的對抗過程中，很少有人採用堅固的兩手支撐的方式去抵抗打擊力量，大部分人都是單手防禦。那麼，這個時候可能會出現以下兩種情況。

（1）對手的手臂支撐力量很弱，我們直接打擊進去，很輕鬆地就可以打破對手的防禦間架。

（2）對手的支撐力量很強，我們單手也可以像雙手

圖132

一樣，打得對手站立不穩，失去重心；甚至我們可以回掛，讓對手失去平衡，然後進行後續的打擊。

　　所以「劈拳似斧屬金」，並不是指外形上的上下劈砍動作，而是指其具備強大的打擊力量，當對手全力抵擋的時候，依然可以如斧頭般破開對方防禦，繼續打擊。想做到「似斧屬金」，依靠手臂力量是無法完成的，這就需要把我們的丹田調動起來，彎曲脊柱發力。

　　練習劈拳需要有很好的三體式基礎，而很多朋友的三體式水準短期內達不到要求。為了加快訓練進度，可以先以雙手的虎形進行脊柱反弓訓練。

5.6
劈拳？劈掌？鷹捉？

劈拳是上半圓，
鷹捉是下半圓，
二者合起來為一個整圓。

眾所周知，目前劈拳有兩種打法，一種是立掌打出，另外一種是攥拳打出，到底哪個是正確的呢？

很多人都從梢節呈現的是手掌還是拳頭去衡量劈拳動作是否標準，我認為這種評判方法是錯誤的。

其實兩種方式都是正確的，因為劈拳的核心壓根兒不在於梢節的變化，而在於根節脊柱的發力。如果是由脊柱發力把手臂打出去，梢節哪怕捏著蘭花指，都能夠把人發出去。但是如果是手臂屈伸，沒有用整體的力量，無論手成拳還是成掌，都是錯誤的。

尚雲祥這一派的形意拳中多出了一個叫鷹捉的動作，很多朋友不明白這是個什麼勁，我們畫一張圖來解釋說明。

如圖133所示，劈拳更側重上半圓發力，把對手劈出去；而鷹捉是劈拳的變式，它更注重下半圓的回收，把對手拉進來。兩者結合起來，就是一個圓形。

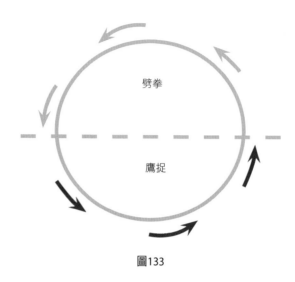

圖133

　　僅僅練習劈拳的力量是不夠的，因為很多人的先天素質並不好，力量小或者體重輕。

　　體重達三四百斤的人，我們無論如何也劈不動，但是上半圓的劈拳發力，會讓對手在一瞬間與我們抗衡，產生一定的頂抗，這個時候如果我們走一個下半圓的弧線，把對方拉進來，對手就會失重，撞到我們的拳頭上。（圖134）

　　所以，鷹捉是撈東西的勁，「鷹捉開手門戶破」。很少人能夠抵擋這樣的來回勁。

　　李存義先生就很擅長用這個勁。曾經有一個人跟李存義先生試手，搭上手之後，李存義先生一串劈拳把對方發出去，然後又一路用鷹捉把對方拉回來。這個過程就像把人摁在車上，不停地加速、剎車，讓人眩暈。李存義先生一鬆手，對方就癱在地上哇哇大吐。

　　我們不能只依靠口口相傳的傳說去回味老前輩的功夫，而應該爭取通過成體系的、專業的訓練流程，達到甚至超過老前輩的功力水準。

圖134

太極拳的訓練流程及原理

　　當我們瞭解了形意拳的練功流程後，太極拳的訓練方式就變得簡單了。

　　很多原理及內容已經在前文的形意拳理論中講過了。我真心建議大家在學習太極拳之前，先學習一下形意拳的基本功，這有助於太極拳的進步。

　　太極拳的拳理比較精細，其跳過了站樁，直接就研究螺旋纏絲，相當於不進行左右、上下勁的訓練，直接從斜 45° 的螺旋勁練起，相對來說比較難，其中的一些要求比形意拳更加細緻。對太極拳中一些細節要求的理解，能夠反過來加深我們對於形意拳的理解。

　　其實三大內家拳並不是互相矛盾的，而是相輔相成

的。孫祿堂前輩教學的時候經常把三種拳法穿插起來，用一種拳法的勁路解釋另一種拳法。老前輩早就用三拳結合的方式授徒以期獲得更高的成才效率了，我們現代人為什麼還要盲守著只練一個門派拳法的想法呢？

我們的太極拳訓練課程採取的是洪均生先生的教法。洪均生先生本身就是一個傳奇，他年輕的時候身體很弱，做不得劇烈運動，只能夠散步。跟隨陳發科先生學習太極拳後，他的身體、功力都產生了突飛猛進的變化。他是跟隨陳發科先生學習時間最長的一位，並且經由自己的努力、老師的教導，把陳式太極拳的很多內容都進行了精細化、標準化整理。

難得的是，這些對陳式太極拳的修改，是在陳發科先生的肯定下做出的，並且形成了一個完整的體系，教出了很多好學生。老師認可學生修改拳法，這是很罕見的。

歷史上很多學習陳式太極拳的武者，在學成後都對其進行了修改，例如楊式太極拳創始人楊露禪先生。而洪均生先生修改後的太極拳，既傳承了陳式太極拳的核心原理，又融入了自己的特色。

在本章中，我會結合前文的幾何原理，嘗試分析洪均生先生的陳式太極拳為什麼容易出功夫。

6.1
太極拳的訓練流程

以下談到的三個要點，
都應從各個角度慢練，
找到自己的弱點，改正並補足它，
最終達到中正安舒之態。

（一）活肩胯與圓柱體

我們在前文中提過活肩胯這個動作，它主要用於練習軀幹圓柱體的左右變化。洪均生先生將活肩胯叫作拔井繩，因為其動作類似於兩腿平均開立，用腰胯的旋轉把水桶從井中提上來。（圖135）

很多朋友在練習太極拳的過程中都面臨著腰胯轉動角度過大，或者轉動角度不夠的情況。無論是轉的角度過大，還是轉的角度不夠，都無法有效地化開對手的勁力。只有在轉動過程中養成良好的習慣，再去進行套路練習，才能找到功夫。

練活肩胯這個動作的目的就是訓練軀幹圓柱體的旋轉，養成一旦有人威脅我們的中軸線，我們立刻旋轉身體化解開來力的習慣。

很多朋友練習過這個動作，但是效果並不好。效果

圖135

不好的原因有二：

　　一是不明白拳理，純粹是為了訓練而訓練。訓練的目的不明確，沒有避免對手威脅我方中軸線的意識。

　　二是訓練方式存在細節錯誤。

　　如同前文中講過的形意拳要慢練入道，練這個動作，一定要慢練。為什麼很多朋友練一輩子太極拳都掌握不了身法？因為練得太快。

　　拳譜中說「不丟不頂」，如果我們軀幹圓柱體不會轉動，化解不了對手的力量，就會與對手硬頂。但若是轉快了，就會犯丟勁的毛病，同樣會被對手找到可乘之機。所以在練習時越慢越好，轉得越慢，越能體會到身體在轉動角度的過程中，有哪個位置是薄弱的、容易被對手所乘的，然後由其他部位的配合彌補這些薄弱點，這是一個修

正自己動作的過程。如果不在慢動作中尋找，只是快速轉腰，意識不到薄弱的地方，就談不上修正動作。

練拳是一個發現自己弱點的過程，不要為了練而練。每個角度都慢練，維持好中正安舒、陰陽相濟的狀態，才能夠提升自己，戰勝對手。

（二）正反圈

掌握了人體腰部的轉動，實際也就掌握了腰部的平圓旋轉。之後最重要的基本功就是配合手臂的正反圈。

洪均生先生精研太極拳的原理，總結出了一個順時針、逆時針的身手轉動的方式，叫作正反圈。可以說，正反圈是開太極拳奧秘的鑰匙，所有的太極拳套路都是由正圈跟反圈構成的。

什麼是正反圈？簡單來講，假如以右手右腳在前的姿勢做動作，正圈就是右手順時針轉動，反圈就是右手逆時針轉動。

太極拳中所有的動作都由正反圈組成。我們以金剛搗碓為例講解。如果只看左手，在練功過程中它一直在進行反圈旋轉。如果只看右手，整個過程中它一直在進行正圈旋轉。正圈與反圈配合起來，形成了套路中的每個動作。可以說，如果不掌握好正反圈，整個套路就沒有靈魂。

太極拳正反圈，就如同形意拳中鑽拳、劈拳，是最基礎、最重要的基本功。形意拳的鑽拳主要訓練左右轉腰，劈拳主要訓練上下折疊；而太極拳的活肩胯主要訓練

左右轉腰，正反圈主要訓練上下調胯，構建成十字勁。

太極拳正反圈的訓練大概分為以下幾個階段。

1.初學者求和順，先把手、腰、腿配合熟練。

剛開始進行正反圈訓練時先不要去想螺旋身法（本身剛開始學習時想做也做不到），先簡單地把正反圈畫順利，做到橫平豎直、規規矩矩即可。

初學者練習正反圈，不少於 1 個小時才能逐漸找到感覺。我自己訓練的時候幾乎不看時間，一直做，因為這是一個動態功法，不無聊，還可以體會到周身的旋轉配合，本身是一件非常快樂的事兒。

實話實說，太極拳的訓練確實比形意拳、八卦掌快樂很多，比較有趣味。

2.螺旋纏絲。

當掌握好平圓之後，身體需要配合立圓的變化，形成周身螺旋的狀態。

3.抻筋拔骨，擰進擰出。

很多朋友不知道練正反纏絲本身也是抻筋拔骨的過程。如果動作準確，會非常「彆扭」地拉伸肘部、肩部、手腕肌肉。洪均生先生說「太極拳的練習過程，就像擰毛巾一樣」，只有把身體擰起來了，才是真正的太極拳。

4.透過纏絲單人訓練，掌握八大勁。

5.兩手纏絲配合，為套路訓練打下基礎。

6.一路招數訓練，二路炮捶訓練。

7.推手訓練。

每個訓練階段其實又可以具體細化成若干小項。由於細節要點太多，這裡就不展開講了。

我們的水準再高也不如洪均生先生，他老人家練了幾十年拳，才在老師的指點下創建了如今的訓練體系。所以在練習拳法的過程中，我自己幾乎不創新，也不主張大家創新。

先學會並掌握老前輩們的研究成果，再考慮創新，是對老前輩的尊重。

洪均生先生見過很多名師，並且在漫長的教學歲月中經受了諸多考驗，才形成今天的拳法風格。拳法面臨著失傳，我們現在學的東西都不一定是對的，功夫也還沒有練出來，談創新肯定太早了。

（三）中軸線移動與螺旋下沉

洪均生先生很反對中軸線左右移動，但在我們日常的練功過程中，無論是練習套路還是基本功，都有很多朋友喜歡中軸線移動。

以常見的纏絲為例，其動作如圖136所示。

這樣做好還是不好？我們從前文的坐標系理論中瞭解到，動作必須上下、前後、左右方向上都帶著勁，才能支撐八面。

假如在進行纏絲的過程中，讓小夥伴從前後方向（z

圖136

（軸）阻擋我們，我們就很難前後移動（圖137）。

　　因為中軸線移動時，遇到前後阻力後，往往無法克服對手的力量，很容易跟對手犯頂。

　　而繼續移動的唯一可能是先定住中軸線，螺旋下沉

圖137

身體，把對手的力量化解開，然後再進行左右轉動。

也就是在受力的情況下，進行 x 軸的轉動，以及 y 軸的下沉，把對方的力量引向大地。這也是洪均生先生對陳式太極拳身法的修改之處，既然實戰時不可以隨便運動中軸線，不如在練習之初就固定它，這樣更容易練出對抗的功夫。

定住中軸線後做螺旋運動，就是在掤，支撐住對手的力量後就可以想辦法化解對手的力量。而中軸線如果來回移動，自身站都站不穩，就談不上化解對手的力量。

所以洪均生先生從基本功開始就決定放棄中軸線左右擺動的練習方式，把活肩胯作為入門的第一個基本功。只有中軸線不動，左右身體的各個點才能圍繞中軸線轉動，形成螺旋下沉，人體才有可能具備旋渦一樣的力量，

讓對手難以抵擋。

平時大家練功時，很容易忽略中軸線不動的重要性。

不動，是陳式太極拳中非常重要的規矩。萬丈高樓平地起，如果中軸線立不住，人在左右、上下方向上就沒有根，就談不上對抗了。

然而有的朋友說了，纏絲訓練，包括練習套路的過程中，中軸線是絕對的一動不動嗎？也不是。我們都見過陀螺的旋轉，陀螺在穩定轉動的過程中，肯定是中軸線盡量固定不動的，但也不可避免會左右移動。如果陀螺左右移動，就很容易產生摩擦力，消耗它轉動的能量。

練功都是練習最難的東西，練好了最難的東西，到了實戰中，遇到簡單的問題，才能夠遊刃有餘地處理。

在實際對抗過程中，包括初學者的練習過程中，很少有人能夠做到中軸線完全不動。中軸線固定是完美的預想。螺旋下沉最省力，左右移動會消耗我們的能量。中軸線變化範圍越小，越容易化解對方的力量。

陳式太極拳論中說「大圈不如小圈，小圈不如無圈」，目的也是盡量減少無用的位移。然而這只是一個理想的狀態，真正受力時很少有人能夠中軸線不動，完全做到不丟不頂。

很多沉浸於修煉陳式太極拳的朋友不知道這個原理，不停地移動中軸線。大家用前文提過的兩根手指的試驗檢測一下，就能明白其中不合理的地方。

6.2
太極拳的纏絲與圓柱體

纏絲做對了，

周身在腰的統領下，

一轉皆轉。

　　陳式太極拳把纏絲作為一個非常重要的追求擺在首位。可以說，練陳式太極拳不會纏絲，就相當於套路沒有靈魂。纏絲到底是什麼？前文已經說過，纏絲的本質就是旋轉。

　　從結構上來說，我們身體上有很多能橫向轉動的部位，如小臂、大臂、大腿、小腿、腰胯。也有很多能縱向轉動的部位，例如盆骨、胸腔、大腿骨等，縱向轉動能形成類似圓柱體的結構。

　　如前文說過的齒輪絞殺結構，圓柱體在轉動過程中擠壓交叉可以構成 S 形曲線。這些曲線從腳一直能夠延伸到頭，這就是周身的纏絲勁。

　　我們再看一下陳鑫前輩在《陳鑫陳氏太極拳圖說》中所畫的圖（圖138），這個圖的纏法起於腳底，經過腰間到達兩手。如果大家讀懂了前文的解釋，就很容易理解這個圖的含義，即眾多身體上的圓柱體同時旋轉構成了纏絲。

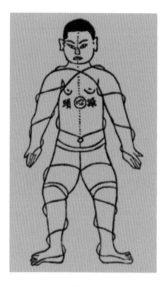

圖138

為什麼全身的圓柱體都得旋轉？只轉動一個圓柱體不行嗎？

我們做一個試驗。讓朋友跟我們搭手，他的拳頭指向我們胸口。我們分別嘗試由手臂圓柱體和身體圓柱體的左右轉動化開來力。

在這個過程中我們會發現，當對手用力的時候，如果我們只是手臂圓柱體轉動，就很難化解對方指向我們的力量。

如果只是腰部轉動，則我們的轉動是圓周運動，對手的手會壓著我們，即使能把對手的直勁帶向兩側，也還是會與對手頂勁。

只有腰轉動的同時，手臂也旋轉，才能輕鬆地化解對手的力量。

我們的手臂與身體軀幹實際就是兩個圓柱體。軀幹圓柱體可以左右轉動，也就是公轉；手臂圓柱體可以進行左右的自轉。只有至少兩個圓柱體同時轉動，自身才能形成S形曲線，輕鬆地化解對手的力量。

再舉個例子，簡化太極拳中攬雀尾這個動作，很多朋友以為它是沒用的。事實恰巧相反，它是太極拳中最能體現多圓柱體配合的動作。

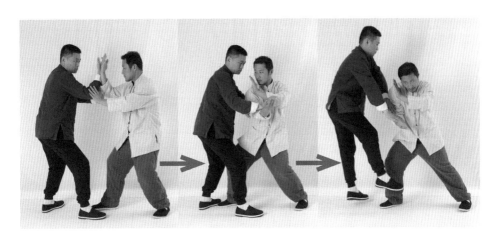

圖139

　　當兩個人接觸時，對手肯定用力衝擊我們的重心，我們用抱球的動作，運用轉腰部圓柱體、轉手臂圓柱體，把對手的力量旋滾出中軸線，對手自然處於背勢，我方就可以輕鬆地將其發放出去。（圖139）

　　看不懂老前輩的練拳照片或影片，歸根結底還是因為自身知道的東西太少。有些東西只有自己練出來後，才能看明白，練出來之前一頭霧水。

　　而練拳本身的快樂也源於此，在你的每招每式的訓練中，在你偶爾有所收穫的時候，忽然想到，我這個動作跟某某老前輩的意思是一樣的。無形之中，這種武術的傳承讓你彷彿穿越了時空，與幾百年前的人產生共鳴。這才是真正的文化傳承。

　　因此，在看前輩拳照的時候，相反的勁路、齒輪的咬合、圓柱體的旋轉，其中蘊含的韻味總是令我心折。

　　洪均生先生當年教一個學生，看了這個學生的演練

之後說：「你的纏法的基本方面不是多就是少，不是不急就是頂、轉多了。」其實就是說這個學生周身圓柱體的轉動並沒有形成統一的模式。

正確的纏絲應該如齒輪，在腰的統領下一轉都轉。無論是哪個圓柱體轉得多了或者少了，都不整、不合。

練拳最難把握的就是度，也就是所謂練功中的規矩。如果不瞭解人體各個部位的形態結構，就很難把抽象的拳理具體地在自己身上做出來。

人體想要形成圓柱體結構，有一個前提，那就是兩端定點。只有圓柱體的頂心、底心定位，才能進行圓柱體旋轉。

為什麼內家拳講究沉肩墜肘？

我們以小臂為例：小臂只有沿著一條軸自轉，才能把對手的力量引至兩側。但若我們轉動小臂的同時橫肘，這樣的旋轉就起不到作用。

因此，定肘非常重要，而現在流行的太極拳練法大部分都是抬著肘的。（圖140）

為什麼後來形成的拳法，如大成拳及盧氏結構，都提出一個概念——肘膝定位？

肘膝定位就是利用肘的定位和手腕的定位，形成小臂的圓柱體；由膝蓋的定位和腳的定位，形成小腿的圓柱體；由膝蓋和胯的定位，形成大腿的圓柱體。

它們的原理都是一樣的，都是讓身體形成不同的圓柱體進行運轉變化，從而達到化解對方力量的目的，這在所有流派中都是一樣的。

圖140

　　弄明白了這些，再回頭看陳鑫前輩的《陳鑫陳氏太極拳圖說》，就會發現他對於纏絲的表述簡直不能再具體了。

6.3
太極拳的天平系統與砝碼

如果將人體視為天平，

那麼，丹田就是一個球狀砝碼。

在對抗的過程中，人的力量可以用天平的結構去稱量。很多朋友不明白如何聽勁和化勁，聽勁和化勁實際上就是稱量對手的重量。

我們可以想像一下，從頭頂到尾閭的中軸線是秤的中心，兩個肩膀或者胯是平著的秤桿子，丹田好比是秤砣，能在小範圍內移動，讓體重和來力抗衡。

天平系統的概念，其實《太極拳論》中就已經寫了。現代表述比較清楚的，我認為是《洪均生先生追憶錄》。洪均生先生形象地把人體比作天平，運用中軸線不動、肩膀活動調節對手的力量。

隨著練功的深入，我越發認為洪均生先生的理論是正確的，並嘗試在這本書中為大家講一講。

人的兩肩、兩胯其實就像是兩條橫線，兩胯的橫線和兩肩的橫線作用原理其實一樣。簡便起見，我們只考慮肩部的這條橫線。肩部的橫線，與中軸線這條豎線交叉，一橫一豎，是不是很像一個天平？

這一橫一豎把軀幹分成了 4 個象限，《太極拳論》

用「左重則左虛，右重則右渺」來形容這個天平系統。當敵人在我們右側施加力量的時候，如果我們沒有在左邊增加砝碼，體重還是沿著中軸線均勻分配，我們的天平會被壓得彎曲變形，導致我方受力，無法克制對手的力量。（圖141）

圖141

　　丹田實際上是一個可以上下、左右移動的球狀砝碼。

　　當對手從右側向我們施加力量的時候，右側重了，則右側需要空開。丹田沿著中軸線向左側移動，充實這一象限，使左側變重。這樣，對手的力量在右側，我們的中軸在中間，我們的丹田在左側，形成了一個沿著中軸線左右對稱的天平系統。

　　這個時候，對手在我們右側施加的力量等於按到了

圖142

空處，而我們丹田左移，在中軸線固定的情況下與右側來力達成了平衡。（圖142）

同樣，如果左側重了，也需要調整體重，不讓對手按在實處，將丹田往右移動，與左側的來力維持平衡。內家拳應用過程中的「襠勁暗換」「丹田內動」大概就是這個樣子。

透過丹田的移動與各個方向的來力抗衡，維持身體平衡，就是合住對手。讓對手的力量摁到空處，叫作引進落空。天平系統達到穩定後，我們再讓丹田回到中軸線，體重就會撞擊到對手，令對方站立不穩，從而起到發放效果。

在這個過程中，丹田會在4個象限左右、上下移動，古人把此種現象形象地稱為「氣宜鼓盪」。

　　很多喜歡故弄玄虛的人掌握了這個技巧，就把它神話成意念運動、氣息流動。「我一想，氣一走，你就出去了」，這種說法其實無可厚非，每個人都有自己的講解方法。但是如果換成科學的講解方式，可能更適合初學者，方便其弄明白其中的道理。

　　上文中提到了「氣宜鼓盪」，我們就需要講一講武術中的氣到底是什麼。

　　「氣」在漢語中有很多含義，例如：

　　中醫中的營衛之氣，這個「氣」類似於人體抵抗力；

　　氣宇軒昂，這個「氣」指的是人的精神狀態；

　　風清氣正，氣指的社會秩序；

　　氣喘吁吁，氣指的人的呼吸；

　　……

　　而武術中的氣，例如：太極拳論中的「氣宜鼓盪」，形意拳學中的「一氣之起落，氣沉丹田」，都是指人體重心的變化。

　　所以大家不要看到氣就以為是虛無縹緲的東西。古人其實非常務實，是我們這些人誤解了古人的意思，導致武術的傳承越來越困難，能練出功夫的人越來越少。

⌗ 6.4
襠走下弧

> 襠走下弧的前提,
> 是胯能像蹺蹺板一樣做高低上下運動。

很多朋友弄不明白太極拳中襠走下弧的動作。

襠走下弧的常見錯誤是兩胯平著走下弧線。我們用坐標系理論進行分析,認為這種情況下兩胯是平行於地面的一條直線,所謂的襠走下弧,無非就是用這條直線完成一個下弧線的運動,而這個動作開始後,一旦在邁步的過程中有人用手自上而下地摁住我們的胯部,稍微施加一點兒力量,我們就站不住了。(圖143)

我們經常看到,一些老師給大家調整動作的時候,會摁住學員的兩胯。

被調整動作的學員大腿哆哆嗦嗦的,就是因為老師給平著的兩胯施加了向下的力量,導致兩條大腿的力量扛不

圖143

住老師施加的下壓力量。

很多朋友以為這樣的調拳動作是對的，以為是練對了大腿才會這麼累。然而事實上這恰恰是錯誤的。兩胯呈一條直線走下弧的動作，從幾何的原理上分析，會使對手的力量完全壓迫在兩胯，破壞大腿與小腿的角度，讓人站立不穩。

因此，兩胯平著下蹲練習套路是不正確的。

正確的襠走下弧是什麼樣的？

沿著中軸線，把身體練成互不相干的兩部分，兩胯能夠一高一低、一上一下地運動，才是對的。在練拳過程中，兩胯只有一上一下如同蹺蹺板般傾斜變化，實戰時才能夠讓對手的力量落空，滑向一側。（圖144）

兩胯能圍繞中軸線高低變化，才是真正的襠走下弧。

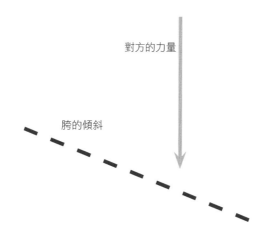

圖144

　　無論什麼拳種，都有人練了很多年卻一直不出功夫，因為很多人的思維邏輯是錯的。我們由太極拳引出了兩胯高低問題，接下來為大家解釋一下這個問題。

　　人從學會站立起，兩個胯就一定是平著的，一旦兩胯產生傾斜，整個人就會站立不穩，往一側摔倒。

　　在實際對抗過程中，對手只要想破壞你的重心，勢必會讓你的胯歪斜。

　　而我們太極愛好者在日常練拳過程中，認為練拳要越穩越好，故兩胯始終都是平的。一旦對抗過程中出現兩胯歪斜，就無法應對了。

　　不論是太極拳還是其他任何拳種，都是套路練習符合對抗時的要求才能提高功夫。

　　大家以為的站得越穩越好，反而是不利於實戰的。因此，在這個方向上花費的時間越多，浪費的時間也就越多。

　　同樣的是形意拳，如果不考慮 x、y、z 三個軸上的力量，不考慮對手的阻力，只空練發力，一樣是緣木求魚。

　　因此，兩胯的高低變化非常重要，平時習慣了兩胯不同高度的變化，實戰對抗時才能得心應手。

6.5
太極如摸魚

> 水中摸魚，
>
> 考慮和模仿的是水的阻力，
>
> 也就是對方的阻力。

太極如摸魚，是非常古老的太極拳思維。

大家想像一下：在水中摸魚，是不是轉動的時候會遇到水的阻力，讓我們難以流暢地轉動？這就像在 x 軸上左右轉動時遇到阻力。因此，摸魚的比喻，主要就是假設我們做任何動作，在前方總有阻礙。

八卦掌走步如蹚泥也是這個意思，很多朋友在走八卦步的時候都是直挺挺地前進，沒有腿部的螺旋。假如我們請一個人在前面摁住我們的膝蓋，按照常規的邁步方式，我們根本就無法克服對方雙手阻擋的力量（圖145）。

但是如果我們腿向內旋轉，然後向前邁

圖145

圖146

步，就可以很好地把對方的力量引向兩側，繼續往前行進。

所以走步如蹚泥只是個形容，這是為了訓練腿部圓柱體螺旋。八卦掌的練習者為什麼出功夫慢？因為八卦最講擰，「拱擰如掏繩」，腿也要擰。

例如：太極拳的起勢，假如我們想要上抬兩手，有人摁住不讓我們上抬，此時我們以肩膀為圓心、手臂為半徑直接上抬就是錯的，而先塌腕沉肩讓對手肩關節難受，再從下向上抬起胳膊，對手就站不穩了（圖146）。

如果練功時不考慮對方的阻力，只是自己怎麼舒服怎麼做，很難出功夫。因為這是想當然的練功方式，不是真正的練功。

太極如摸魚，就是指要考慮對手阻擋的力量，這才是內家三拳通用的核心。

⊞ 6.6
如何做到我順人背？

用輕柔的轉腰改變對方施力的角度，
然後上步把對方發出，就是我順人背。

在搭手過程中我們通常會受到對手壓迫我們重心的直線力量，如果不能將這個直線力量引化，就很難擊打對手。

例如：當兩個人搭手時，對手肯定試圖威脅我的重心，向我施加力量。他的發力部位與接觸點之間一定存在一條直線，指向我的身體圓柱體（圖147）。

我只要微微左右旋轉身體，他的力量就無法指向我的中軸線。這時候對手相當於變成了側對我，我獲得了一個橫切面，只要進步，我的體重自然會把對手撞出去。（圖148）

在這個過程中，很輕柔的轉腰動作就可以改變對手的角度，此時上步便能把對手發出。

圖147

圖148

因為是用體重前衝，手臂並沒有刻意發力，所以看上去動作很柔和，但是對手會感覺你的打擊非常凶猛。

尚雲祥先生說形意拳：「輕鬆和諧中，找出迅猛、剛實的爆發勁。」這是對於內家拳發力最貼切的描述。

就拳術這個學問而言，我認為古代的東西應該比現代的東西先進。原因有二。

1.就搏鬥而言，無論是古代還是現代，人體結構都沒有太大變化。

不管是古代人還是現代人，都是一個頭、兩隻胳膊、兩條腿。由於古代經常會出現大規模戰亂，人與人之間無論是冷兵器格鬥還是赤手搏鬥，其強度、烈度一定遠遠大於現代社會。

因此，那些古代流傳下來的武技具有極高的價值。

雖然現代人弄不懂一些動作的原因，但是古人的經驗值得尊重。

2.內家拳的練功思維絕對不同於西方搏擊的思維。

西方透過做加法提高運動員的素質，但運動員的素質達到一定高度後可能就無法繼續提高了。但是在內家拳看來，運動員的素質有可能還能繼續提高。

西方搏擊整個體系都是追求更高、更快、更強。然而人的體能是有極限的，在基因不變的前提下，透過西方的訓練能夠盡可能地接近最大數值，但是總有上限。

而內家拳的思維並不是做加法以讓力量越來越大、速度越來越快。

譬如站樁，是讓人在運動中的損耗越來越小、槓桿越來越長。如果西方訓練體系下運動員的能力已到達了極限，透過內家拳的訓練，應該還是可以再進步一點的。這一點進步是在他們沒法兒再進一步的情況下完成的。

我們作為東方文化的研究者，應致力將這些東西應用到實際場景中。我將個人心得整理成書，也是出於這個目的。

哪怕我們這代人沒辦法完成復興武術的任務，將來有識之士想做這個事情了，希望他們還能以我們的研究成果做參考。

後　記

　　研究武術與考古類似，需要透過傳承及對古代典籍、前輩拳照的研究，大膽提出假設，小心求證。

　　任何學科都應是一代強於一代，但在對武術原理的摸索與復原上，我們沒有超出前人，甚至沒有做到好好繼承，從而使得武術日漸沒落。

　　每思及現狀，筆者都覺愧對先賢，亦愧對後人。

　　獨木難支！

　　研究越深入，筆者越感覺傳承不易。多言數窮，只能守中！

　　武術的衰落似是大勢。筆者年輕時曾激情萬丈，想透過自身的努力傳播，將內家武術發揚光大。從年輕到不惑，日拱一卒，心慕手追，卻覺人力總有不及。曾經的把武術發揚光大的夢想，漸漸退化成能教

幾個學生、傳幾個徒弟，不讓自己會的東西失傳就好了。如同望著珍貴的文化寶藏在時間的小溪中不可逆轉地付諸流水，其中的無奈與遺憾，實在是讓人痛心。

筆者拋磚引玉，也期待有更多優秀的武術研究者能把自己的心得分享給廣大武術愛好者。望我泱泱中華，萬古江河，人才輩出，武道昌榮！

龐超

於岱下

內家拳幾何學 三維空間裡的勁與意

著　　者｜龐　超
責任編輯｜白世敬

發 行 人｜蔡森明
出 版 者｜大展出版社有限公司
社　　址｜台北市北投區致遠一路 2 段 12 巷 1 號
電　　話｜（02）28236031・28236033・28233123
傳　　真｜（02）28272069
郵政劃撥｜01669551
網　　址｜www.dah-jaan.com.tw
電子郵件｜service@dah-jaan.com.tw

登 記 證｜局版臺業字第 2171 號
承 印 者｜龍岡數位文化有限公司
裝　　訂｜佳昇興業有限公司
排 版 者｜ERIC 視覺設計
授 權 者｜北京科學技術出版社
初版 1 刷｜2024 年 1 月

定　　價｜550 元

國家圖書館出版品預行編目 (CIP) 資料

內家拳幾何學　三維空間裡的勁與意／龐超　著，
　—初版——臺北市，大展出版社有限公司，2024.01
　　面；21 公分——（武學釋典；63）
　ISBN 978-986-346-443-3（平裝）

　1.CST：拳術　　2.CST：中國
　528.972　　　　　　　　　　　　112020882